監修者──木村靖二／岸本美緒／小松久男／佐藤次高

［カバー表写真］
サマルカンドの新方式学校
（1910年ころ）

［カバー裏写真］
サマルカンドの新方式学校開設者シュクリーと支援者，生徒たち
（1915年ころ）

［扉写真］
ティムール廟の前に集まったサマルカンドのジャディードたち
（1915年ころ）

世界史リブレット人80

近代中央アジアの群像

革命の世代の軌跡

Komatsu Hisao
小松久男

目次

ロシア領トルキスタンの成立と西徳二郎の観察

　中央アジアは、その悠久の歴史を広大な中央ユーラシア世界、さらにはイスラーム世界のなかで刻んできたが、とりわけ十九世紀以降、ロシアとの関係が重要な意味をもつようになった。クリミア戦争で敗北を喫したロシアはまもなく「大改革」と呼ばれる一連の改革に着手する。農奴解放、軍制改革、鉄道建設などによって帝国はその力を回復しようとしていた。こうしたなかで実行されたのが、一八六〇年代からの中央アジア南部オアシス地域に対する軍事侵攻である。ロシア軍は、コーカンド・ハン国▲、ブハラ・アミール国▲、ヒヴァ・ハン国▲、そしてトルクメン諸部族を次々と制圧して広大なロシア領トルキスタンを形成する。この間にコーカンド・ハン国は帝国に併合され、ブハラとヒヴァ

▼**コーカンド・ハン国**（一七〇九～一八七六）　ウズベクのミン部族がフェルガナ盆地に建国、一七四〇年からコーカンドを首都。十九世紀初めにはタシュケントを征服、カザフ草原にも進出し、ロシアと清朝を結ぶ中継貿易で繁栄したが、ロシア軍にタシュケントを奪われて以降、国内は極度の混乱に陥り、一八七六年ロシアに併合された。

▼**ブハラ・アミール国**　ティムール朝の滅亡後、ブハラを首都としたウズベク人の諸政権は一般にブハラ・ハン国（一五〇〇～一九二〇）と総称されるが、十八世紀末のマンギト朝君主シャームラードは、歴代カリフの称号にならって「アミール」と称した。これ以降をブハラ・アミール国という。首都は中央アジアにおけるイスラーム教学の中心地として知られた。

▼**ヒヴァ・ハン国**（一五一二～一九二〇）　アム川下流域のホラズム地方に成立した、ヒヴァを首都とするウズベク諸政権の総称。一八〇四年に成立したコングラト朝は、トルクメン諸部族を操縦しながらイランやブハラ・アミール国と対抗した。

両国は領土を削減されたうえでロシアの保護国となった。

この新しい征服地を統治するために、ロシアは一八六七年、中央アジア最大の商業都市タシュケントにトルキスタン総督府を設置した。初代総督は陸軍大臣ミリューチン▲の盟友カウフマン▲である。トルキスタンの統治は陸軍省の所管であり、歴代の総督および各州・郡の長官はいずれも陸軍の将官・高級将校が務めた。トルキスタンの征服は、帝国の威信を回復するだけではなく、イギリスとの「グレート・ゲーム」、すなわちユーラシア大陸を舞台とした両大国の勢力拡大競争に勝つためにも大きな意味をもっていた。ここをおさえればイランとアフガニスタンへの進出の足場となり、イギリスのインド植民地もまた目前のものとなるからである。

トルキスタン総督府が設置された一八六七年は、日本史では大政奉還に続いて王政復古の大号令が出された年にあたる。すなわち日本が明治維新へと大きく転換するそのときに、中央アジアはロシアの植民地となった。近代の迎え方において両者はじつに対照的である。近代化をめざす明治日本は、人材育成のために多くの有為の青年を欧米諸国に送った。薩摩藩出身の西徳二郎▲もその一

▼ドミトリー・ミリューチン（一八一六〜一九一二）　ロシア帝国の軍人、大改革期の開明官僚の一人。一八六一年陸軍大臣に就任（〜一八八一年）、軍制改革をおこなって専制権力の護持とロシア帝国の統合をめざした。

▼コンスタンチン・フォン・カウフマン（一八一八〜八二）　ロシア帝国の軍人。コーカサス戦争、クリミア戦争に従軍したのち、一八六七年トルキスタン軍管区司令官およびトルキスタン総督に着任し、ロシアによるトルキスタン統治の基礎を築いた。その強大な権限と威厳のために現地のムスリムからは「半皇帝」と呼ばれた。写真はタシュケント新市街（ロシア人地区）の中心部に建てられた初代総督カウフマンの記念像（一九一三年建立）。

▼西徳二郎（一八四七〜一九一二）　旅行でえた知見に自身の研究成果を加えた『中亜細亜紀事』（陸軍文庫、一八八六年）は、日本における中央アジア地域研究の先駆であり、イタリア語にも翻訳された。その後、外務大臣となった西は、日露間の緊張回避（西・ローゼン協定）にあたり、駐清国特命全権大使として北京に赴任した際には義和団事件に遭遇して籠城する経験もしている。日露戦争のときには枢密顧問官の任にあった。

ブハラのアミール・ムザッファル
（在位一八六〇〜八五）

人であった。小国日本から見れば恐るべき巨大な隣国の首都、サンクト・ペテルブルク大学に留学し、同地で臨時代理公使職を務めたあと、一八八〇年に帰国する途次、ロシア領トルキスタンを広くめぐって現地事情を観察した。ブハラではロシアの軍門に降ったアミール・ムザッファルとも面会している。この西が帰国後の一八八一年に外務卿井上馨に提出した報告書には次のような一節がみえる。

「中アジヤ」人民は「マホメット」教の信深く、人事皆その経文に依《より》て立ち、一定不動のものとなりおり候《そうら》えば、生涯の意志その経文の範囲を脱するをえず、ゆえに定制はこれを変革するあたわず、こと時勢に合わずして不利を生ずるものはこれを天意に付する風にて候えば、欧風の物質開花はその意志一定の範囲に徹することあたわず、ゆえにもし「マホメット」教中より別に時用に応ぜし学問でもあみ出せば格別、しからずんばこの「中アジヤ」人民は成立することあたわず、ついに皆他人に制せらるることと相成るべく愚案に候《そうろう》。

欧米の文物を積極的に吸収しながら文明開化をめざしていた明治人が危惧し

ているのは、中央アジアのムスリム(イスラーム教徒)は、イスラームの教義にしばられてすべてを神の意志に帰するため、近代にふさわしい変革を実行できず、新たな学知を創出できなければロシア人への従属は免れない、ということであった。ロシア統治の現状を報告するにとどめず、中央アジアのムスリムの将来を案じたのは西の見識と共感といえるだろう。その後、外務官僚として要職を担った西に中央アジアの動向を考察する余裕はなかったと思われるが、中央アジアのムスリムはその後のまさに激動の近代をどのように生きたのだろうか。これから四人の人物に焦点をあてて彼らの軌跡をたどってみよう。

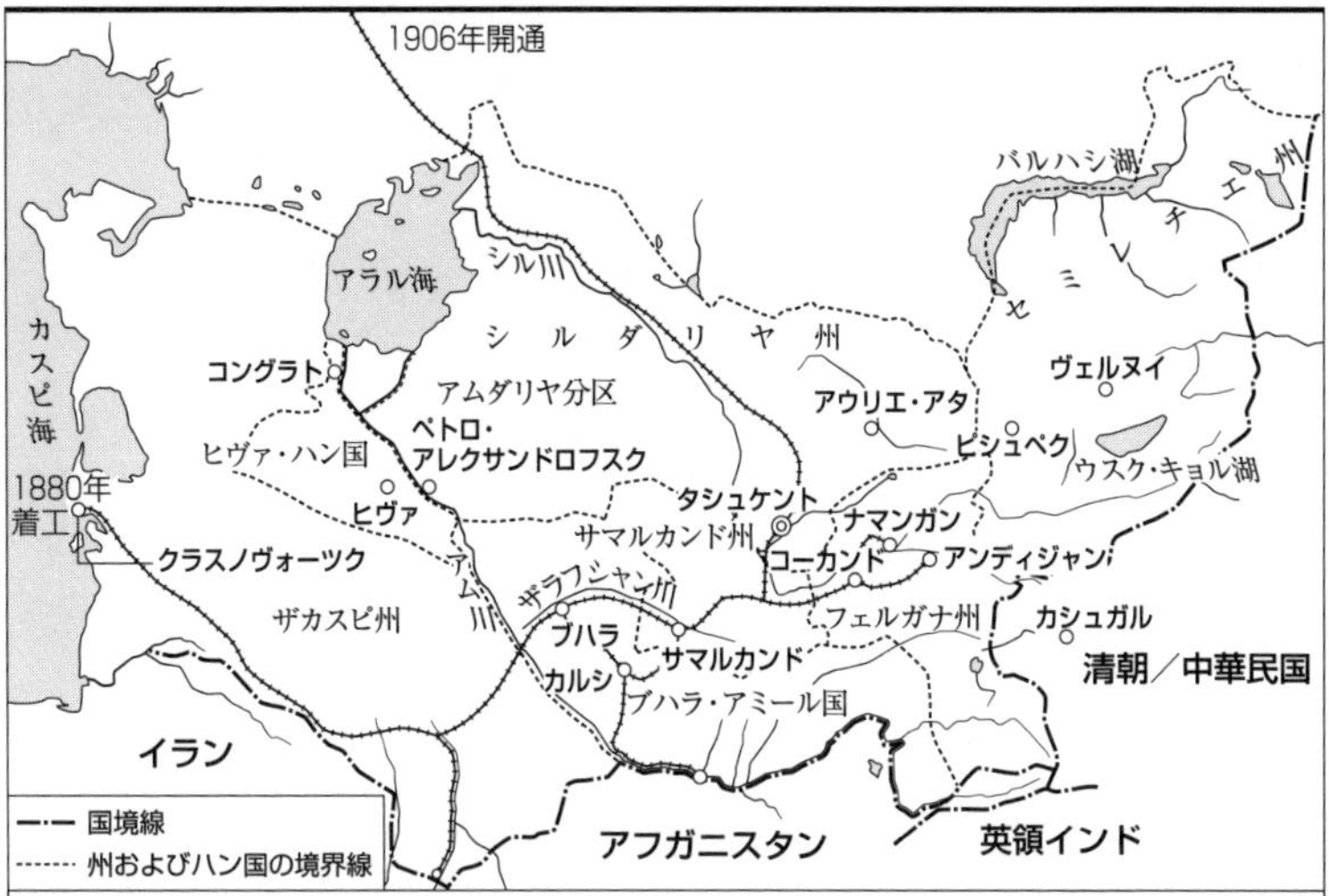
1906年開通
バルハシ湖
セミレチエ州
アラル海
シル川
カスピ海
シルダリヤ州
コングラト
アムダリヤ分区
ヴェルヌイ
アウリエ・アタ
ペトロ・
アレクサンドロフスク
ビシュペク
ヒヴァ・ハン国
ウスク・キョル湖
1880年
着工
ヒヴァ
タシュケント
ナマンガン
サマルカンド州
クラスノヴォーツク
コーカンド
アンディジャン
アム川
ザラフシャン川
ザカスピ州
ブハラ
フェルガナ州
カシュガル
サマルカンド
カルシ
清朝／中華民国
ブハラ・アミール国
イラン
国境線
州およびハン国の境界線
アフガニスタン
英領インド

●—ロシア領トルキスタン

①—啓蒙運動と自治構想

マフムードホジャ・ベフブーディー

ロシア軍によるタシュケント占領（一八六五年）五〇周年にあたって、『トルキスタン地方新聞』▲の寄稿者ムッラー・アーリムは、その著作『トルキスタンの歴史』のなかでロシア統治がもたらした変化を肯定的に記している。かつてのハン国時代とは異なって治安と秩序が保障された結果、隊商交易は盛んとなり草原地域における農地の開墾も進むとともに、郵便、電信、鉄道によって中央アジアは知識と文化の世界に結びつけられ、ロシアとの通商の拡大によってトルキスタンの経済は著しく発展したというのである。たしかに、フェルガナ盆地を中心として商品作物、棉花の生産が拡大してムスリム資産家の成長は進み、鉄道▲の建設や道路・橋梁の建設によって、メッカ巡礼をはじめとしてムスリムの移動と交流は促進されつつあった。ただ一つ彼が留意したのは、教育の沈滞、とりわけ近代的な知識の普及が遅れていることである。宗教の知識なくして天上の王国に至ることができないように、世俗の知識なくして地上の安寧

▼『トルキスタン地方新聞』　一八七〇年、植民地の官報にあたるロシア語の『トルキスタン通報』の付録として創刊されたサルト（ウズベク）語の新聞（一八七〇～一九一七年）。ロシアの東洋学者オストロウモフ（一八四六～一九三〇）が長く編集長を務めたが、ムスリム知識人の寄稿も少なくなかった。二月革命後はトルキスタン自治運動の一翼を担う新聞『ナジャート（解放）』となった。

▼鉄道　鉄道の建設はトルクメン諸部族の制圧という軍事目的で一八八〇年カスピ海沿岸から始まった。このザカスピ鉄道は一八九九年にタシュケント支線を加えたサマルカンド－アンディジャン鉄道と結合して、中央アジア鉄道と命名され、一九〇六年になってオレンブルク経由で中央ロシアに到達する全線が開通した。帝政期にはさらに数本の支線が建設されている。

をえることはできない、と彼は指摘する。

　次世代の少年たちになにを、どのように教えるか、これは同時代のムスリム知識人にとって切実な問題の一つであった。旧来の寺子屋式の初等学校マクタブでは、読み書きの手ほどきのほかイスラームの基礎や道徳を教えることはできても、近代の諸条件に適応した科目は欠けており、修了後に進めるのはイスラーム諸学を教える高等学院マドラサしかなかった。一方、ロシア当局は少数のロシア語・現地語学校▲を除くと、ムスリム子弟の教育にはいっさい関与することはなく、彼らがロシアの中等ましてや高等教育を受ける機会はきわめて限られていた。

　この課題に率先して取り組んだのが、本書の主人公の一人マフムードホジャ・ベフブーディー(一八七四〜一九一九)である。彼はサマルカンドで代々カーリー(コーラン朗詠者)やイマーム・ハティーブ(モスクの導師・説教師)を輩出した一族の出身であった。父は一八六九年、ロシア軍がブハラ・アミール国の重要都市サマルカンドを征服した後、田舎のバフシテパ村に移り住み、そこでイマーム・ハティーブ職を務めていたが、ベフブーディーが生まれて間もなく、

▼**ロシア語・現地語学校**　一八八六年、ムスリム男子の初等教育のために導入され、ロシア語と現地語(サルト語)の両言語とともに算数、地理、歴史、理科、イスラームの基礎などを教え、一九〇五年には八三校、生徒数二五五〇名を数えた。ロシア化への警戒から親は子弟の入学をためらい、生徒数には限界があったが、この学校からはロシア革命期に頭角をあらわす多くの人材が輩出した。

ベフブーディー

平穏な秩序が回復したサマルカンドに戻ったという。幼い時から大叔父や父親から読み書きやコーラン読誦法の手ほどきを受け、ムフティー(イスラーム法の専門家)であった叔父からはアラビア語文法や法学の基礎を学び、成長してからはサマルカンドやブハラのマドラサで研鑽《けんさん》を積んだ。父の死後はカーディー▲の職にあった大叔父の書記を務め、その職務にも通じるようになった。具体的な訴訟をとおして社会の実情を知るようになったことだろう。ロシア統治下でカーディーが扱ったのは婚姻、離婚、相続、養子などの民事案件であり、判決を下すにあたってカーディーはムフティーの見解をたずねるのが通例であった。ベフブーディーは法学の知識と実務の経験によってムフティーの資格をえ、一九〇六年にはすでにこの称号を名乗っている。

一八九九〜一九〇〇年に彼はコーカサス、イラン経由でイスタンブルに向い、カイロ経由でメッカ・メディナへの巡礼をおこなう。信徒の重要な義務を果たした法学者、これはムスリム社会における彼の立場や発言力をつねに強化することになる。続いて一九〇三〜〇四年にはロシア内地を旅し、サンクト・ペテルブルク、モスクワ、カザン、オレンブルクそしてクリミアの各地をめぐり、

▼カーディー　イスラーム法裁判官。ロシア統治下のトルキスタンの定住民地域では、イスラーム法に基づいたカーディーによる裁判が存続していた。統治規定によって彼らは「民間判事」と呼ばれ、現地民から選挙で選ばれた。

ロシアの国情をつぶさに知るとともに、タタール人などのムスリム同胞と交流する。彼らは十六世紀のイヴァン四世（雷帝）によるカザン・ハン国の征服以来、ツァーリの臣民となっていたムスリムであり、ロシアの社会や文化との接触、帝国への統合度という点ではトルキスタンのムスリムにはるかにまさっていた。そのなかでベフブーディーにもっとも強い感化を与えたのは、クリミア・タタール人の啓蒙思想家イスマイル・ガスプリンスキー（一八五一～一九一四）であった。彼はロシア・ムスリムの改革運動の創始者として名高い。彼の考えは一八八一年に刊行されたロシア語の著作『ロシアのイスラーム』に集約されている。その要旨は次のとおりである。

> ロシアはその内に巨大なムスリム集団をかかえている。しかし、ロシアはアジアの文明化という偉大な使命を標榜しながら、徴税と保安以外ではこのムスリム集団を放置したままであった。ムスリムは貧困と無知にさいなまれ、破滅的な移住もあとをたたない。ムスリムとロシア人とは相互の無知と不信のために隔絶されているのである。ロシアの論者はこれをイスラームに内在する他宗教への敵対性で説明しようとするが、問題はイスラー

▼カザン・ハン国（一四三八～一五五二）　モンゴル帝国の継承国家の一つで、ヴォルガ中流域のカザンを首都とし、モスクワ大公国など周辺諸勢力と複雑な関係をもった。イヴァン四世は、カザン・ハン国の征服によってはじめて異教徒・異民族の臣民を従え、帝国化への道を進むことになった。

『テルジュマン』の題字

ムではなく、適切なイスラーム政策が欠如していたことにある。強制的な同化政策は、強固な伝統に支えられたムスリム社会の反発を招くばかりであり、ポーランドの例のように失敗に終わることは目に見えている。有効なのは合衆国やロシア領内のフィンランドのように、民族の平等あるいは自治の原則に立った協同のシステムである。ロシアは、ムスリムが共通の母語(テュルク語)による普通教育を通して現在の無知と偏見から解放され、知的な覚醒をとげることを許容し、支援すべきである。かつて東方に生まれた文明は西方に波及し、いままた東方に反流しようとしている。ロシア人とムスリムは、その最良の前衛となるにちがいない。

ガスプリンスキーは、ムスリムの間に普通教育を普及させることによって彼らとロシア人との間の障壁を取り払おうと提言している。すでに自治の構想に言及していることも注目に値する。ロシア側の理解はえられなかったが、彼は自力で提言の実現をめざす。まず、一八八三年にはロシア・ムスリムの間では最初の全国紙となる新聞『テルジュマン(翻訳者)』を創刊した。それは、ムスリム読者に内外の最新情報を提供するとともに、その社会・文化的な覚醒を意

西シベリアのトムスクでロシアの軍総督に新方式の学校について密告する保守派の教師

図したものであり、同時にテュルク系が大半を占めるロシア・ムスリムの間に共通の文章語を普及させようという壮大な企図をもっていた。一九一二年からは題字の下に「言語、思想、行動における統一」という標語が掲げられる。そして、一八八四年には郷里のバフチサライに「新方式(ウスーリ・ジャディード)学校」を創設する。それはオスマン帝国やロシアの学校をモデルに立案された近代的な初等学校であり、従来のマクタブとはちがって、地理・歴史などの世俗科目を取り入れたカリキュラムと教科書、整備された教室、発声方式による読み書き指導などの特徴を備え、すぐれた教育効果を発揮した。この新方式学校はムスリム保守派の反発や妨害に直面しながらも各地に広がってゆき、これを支持する改革派は一般にジャディードと呼ばれるようになった。一方、ロシア当局はジャディード運動に帝国の一体性を脅かす汎イスラーム主義や汎テュルク主義の脅威をみとめ、監視と統制を強めることになる。

ベフブーディーは、巡礼から戻ったころから『テルジュマン』の購読を始め、一九〇四年末からはときどき投稿するようになる。ある投稿では、私の母語はペルシア語であり、テュルク語の書き言葉は『テルジュマン』から学んだと書いている。ガスプリンスキーの思想と実践に共鳴したベフブーディーは、サマルカンドに新方式学校を開設することに尽力し（最初の学校は一九〇三年に開校）、みずから生徒のための教科書（地理、読本、イスラーム簡史など）を執筆した。さらに同志を募って一九〇八年には通称「ベフブーディー図書館」を開設し、内外の雑誌や書籍を同胞の閲覧に供した。読書室では頭のはたらきをよくするために砂糖入りのお茶が提供され、ロシアやイスラーム諸国で刊行された書籍も安価で販売していた。この年、彼はガスプリンスキーとアブデュルレシト・イブラヒム▲という二人のロシア・ムスリムの有力な指導者の訪問を受けている。イブラヒムはその旅行記のなかで、トルキスタンの社会と文化の沈滞ぶりを記す一方、「サマルカンドには、その名を聖なる額に金文字で記すにふさわしい高潔で大志ある人々」がおり、教育活動に専心する「ムフティーのマフムードホジャ師はウズベクの英雄である」と絶賛している。一九一四年にイスタンブルを訪れたベフブーディーは、ギュルハネ庭園▲で偶然ガスプリンスキーと再会し、投宿先のホテルで七時間も改革談議に興じたが、二人にとってはこれが最後の会話となった。

▼アブデュルレシト・イブラヒム（一八五七～一九四四） 西シベリア出身のタタール人、汎イスラーム主義のジャーナリスト・政治活動家。一九〇五年革命に対するストルイピンの反動によってロシアでの活動が不可能となると、一九〇八～〇九年ユーラシアをめぐる大旅行をおこない、その旅行記『イスラーム世界――日本におけるイスラームの普及』（一九一〇年）は、同時代のイスラーム世界のほか、明治末期の日本の姿を克明に描いて大きな反響をよんだ。一九一七年のロシア革命後、一時ソヴィエト・ロシアとの連携を模索したが断念し、三三年陸軍参謀本部の招聘でトルコから来日、日本の対イスラーム政策に協力して東京に没した。

▼ギュルハネ庭園 トプカプ宮殿の東側に位置するバラ園。一八三九年十一月ここで読み上げられたスルタン・アブデュルメジト一世の改革勅令は、オスマン帝国の大改革タンジマートの起点となった。

一九〇五年革命と自治の構想

一九〇五年、日露戦争でのロシア軍の敗退が続いて帝政の威信がゆらぐなか、血の日曜日事件を契機として労働者、農民、兵士、抑圧された諸民族、自由主義者など国民の各層で大規模な反政府運動が噴出し、ニコライ二世は言論、集会、結社の自由などの市民的な自由とドゥーマ(国会)の開設を約束する十月詔書を出さざるをえなくなった。一九〇五年(第一次)革命と呼ばれるこの政治変動によって政治的な自由が認められると、ロシア・ムスリムの政治活動も活性化した。ガスプリンスキーやイブラヒムらは各地のムスリム名士・知識人によびかけて翌年までに三度のロシア・ムスリム大会を招集し、ムスリム宗務協議会▲の改革や政治、社会、教育、文化の諸問題について議論をたたかわせ、ロシア・ムスリム連盟という初めての政治組織の結成に成功した。これはドゥーマにおけるムスリム会派を支える基盤ともなった。これと並行してバクー、カザン、オレンブルクなどムスリム地域の中心都市では新聞・雑誌がまさに雨後の筍のように創刊され、こうしたメディアを通してロシア・ムスリムの公共圏は一挙に拡大した。

▼ムスリム宗務協議会　エカチェリーナ二世が一七八九年、ロシア本土とシベリアのムスリムを管理するために創設した内務省管轄下の公的な機関。ロシア当局が選任した会長(ムフティー)と理事(カーディー)のもと、各地のイマームやハティーブ、ムダッリスなどの資格審査と任免、イスラームの家族法に関する問題の監督、金曜モスクのイマームを介してのムスリム住民の戸籍管理などをおこなった。

このような条件のもと、ベフブーディーは旺盛な執筆活動を展開していく。一例として彼がタシュケントの新聞『フルシド(太陽)』に寄稿した論説「中庸をもって良しとすべし」(一九〇六年十月)を見てみよう。その趣旨は、「現在ロシアではさまざまな民族や宗派の人々が明確な政治目標をもった政党に参加して活動を展開しているというのに、トルキスタンのムスリムは、政治的な信念をもたず、無知な者たちの党と呼ばれても仕方がない状態にある。そこでおもな政党について解説しておこう」というものであり、四つの政党に解説を加えていく。第一の官僚・専制党は、旧来の統治体制の維持を求めており、これは支持するに値しない、第二の立憲民主党(カデット)は、中道の党であり、ロシアにこれに優る党はなく、祖国の安寧を任せられる、第三の社会民主党は、現在の法体系を一掃して土地や財産の共有化、貧富の差をなくすことをめざすが、イスラーム法にはなじまない、第四のロシア・ムスリム連盟はわれわれの党であり、政策的にはカデットに近い。ただし、その中央委員会に人口六〇〇万人のトルキスタンから代表がわずか一人では少なすぎる。五州から各一名、ブハラやヒヴァ、中国領トルキスタンからも各一名が選出されるべきだ、と彼はい

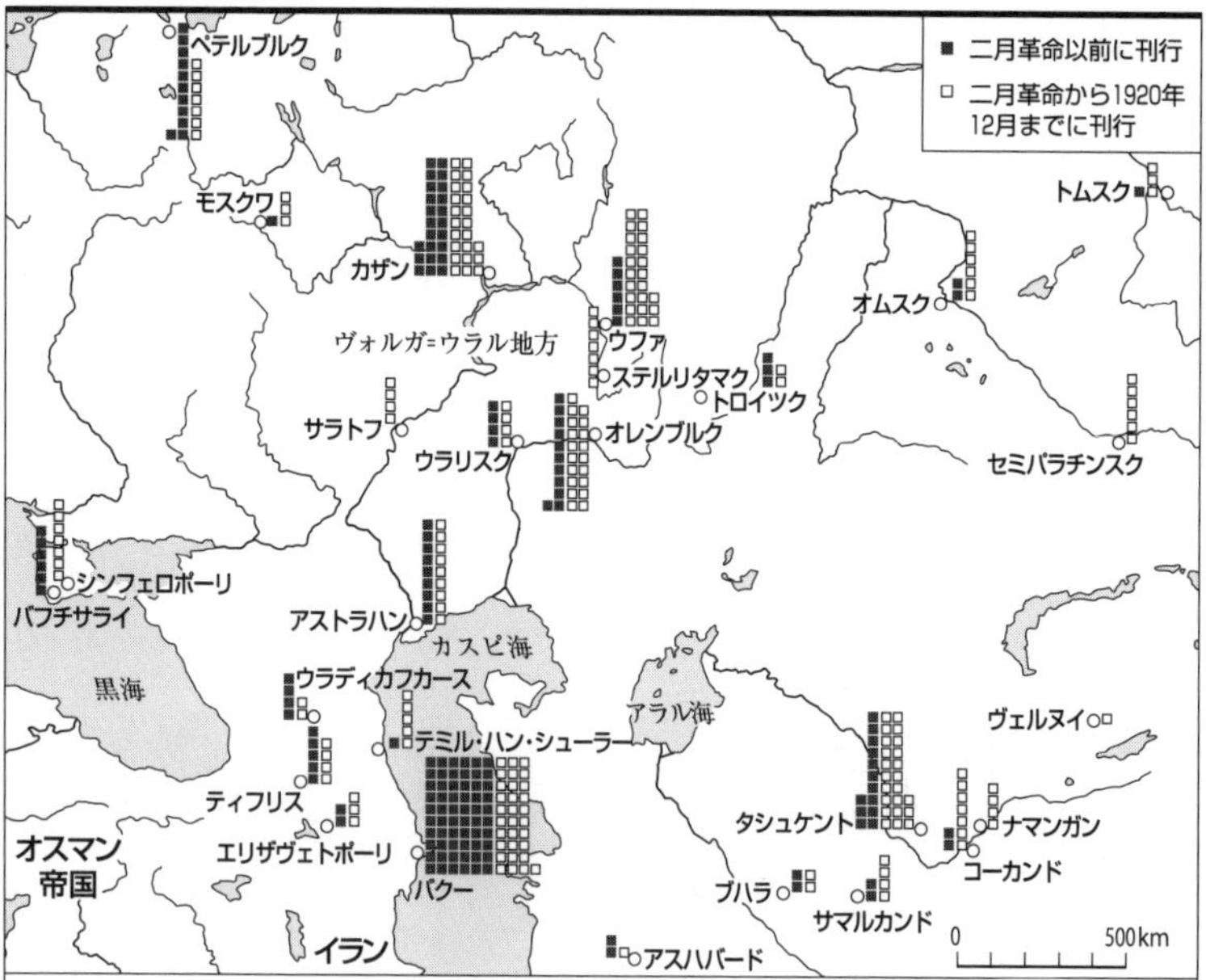

●──ロシア革命期に刊行されたムスリムの新聞・雑誌の地域分布

う。ここで新疆のムスリムにも目配りしているところは注目に値する。

興味深いのは、いち早くトルキスタンにおけるイスラーム法行政と教育の破綻に警鐘を鳴らしていることである。彼はこう指摘する。

トルキスタン人には神以外にマドラサを監督する者はなく、宗教や学問を監督する者もいない。正義や公正の観念は失われ、読み書きもできないカーディー、学識なきムダッリス、事情に疎いムフティー、コーランも読めないイマームが跋扈《ばっこ》しているのである。これもひとえにわれわれが宗教や学問の監督者をもたないためではないか、と。

初代総督カウフマン以来、ロシアは徴税と治安を除いてはムスリム社会に干渉しないことを原則とした。先進的なロシア文明の前にイスラームは自然に衰弱するはずであり、干渉はむしろ反動を招くという考えからであった。したがって、ロシア内地にはあったムスリム宗務協議会のようなイマームの任免、イスラーム法や教育に関わる行政機関は設置されず、ベフブーディーの指摘するように監督者は不在であった。カーディー職も選挙制となったが、選挙にからむ買収や不正は絶えることがなかった。彼は、このままではムスリム社会の秩序が失われることを憂慮していたのである。

第三回ロシア・ムスリム大会がトルキスタンとカザフ草原にもムスリム宗務協議会を創設する決議を採択したことを受けて、ベフブーディーは機敏に反応した。一九〇七年、彼は第二および第三ドゥーマにムスリム会派を介して「トルキスタンの宗務と民事に関する行政」と題する建白書を提出する。後者では自分を「ムスリム連盟中央委員会委員」と名乗っている。「トルキスタンにはヨーロッパ・ロシアのムスリムよりももっと広い自治権が与えられてしかるべきである。なぜなら、トルキスタン人はこれまで彼ら自身で地方行政を担い、ヨーロッパ・ロシアの同胞たちよりも自立しているからだ」という前書きで始まる建白書は、彼の自治構想を如実に示している。

まず、ドゥーマについてみると、トルキスタン人はその人口に応じた代表権をもつと規定している。これは征服以来きわめて差別的な地位に置かれ、第三ドゥーマには一人の議員も送れなかったトルキスタン人が、帝国臣民として平等な権利を享受することを求めたものである。主要な都市には市ドゥーマを開設して市長は公選にするという補則も、地方行政へのムスリムの参画を保証するものであった。首都には全ロシア・ムスリムの行政を総監するイスラーム庁が置かれ、これに服する形でトルキスタン五州の宗務・民事行政を統べるのは、イスラーム法と現代事情の双方に通じた学識あるシャイフ・アル・イスラーム▲とされる。行政にあたる者については厳正な資格審査と監査がおこなわれる。遊牧民地域で慣習法による裁定をおこなってきたビイ裁判所▲は廃止して、イスラーム法によるカーディー裁判所に一元化し、ロシア人ら異教徒とムスリムとの間に生じた民事案件は、このカーディー裁判所で処理する。ムスリム社会を支える寄進制度（ワクフ）についても寄進財が適正に運用されるよう宗務・民事行政が管理する。さらに、土地に関する補則は「トルキスタン人が求めない限り、トルキスタンに移民を送ってはならない」と規定している。一八九〇年代半ばから遊牧のカザフ・クルグズ（キルギス）人地域にはスラブ系農民の入植が進み、土地の所有と利用をめぐって現地民と入植者との間には緊張関係が高まっていた。この規定には現地民の権益を守ろうとする意図がみえる。

　この建白書は、徴税と財務、ロシア法との関係などには言及しておらず、まだ草案というべきかもしれないが、ベフブーディーはイスラーム法に基づいた

▼シャイフ・アル・イスラーム　「イスラームの長」の意味。イスラームに関わる業務を統括する最高責任者の称号として、歴史上さまざまな政権で用いられてきた。

▼ビイ裁判所　カザフやクルグズの遊牧社会では、古くから慣習法や故事に詳しく、紛争の調停にあたるビイと呼ばれる役職があり、人々の敬意を受けていた。ロシア統治下では選挙で選ばれたビイが民間判事として慣習法による裁定をおこなっていた。

ムスリムの自治をトルキスタンに実現することを意図していたといえよう。彼はこれを一九〇八年、ニコライ二世の命を受けてトルキスタンの行政を査察した元老院議員パーレン▲にも提出したという。しかし、査察団のまとめた報告書は、カーディー裁判所を「イスラームの防壁」すなわち「イスラーム法の宗教的な非寛容のしみこんだ規定を現実化する任務を委ねられた唯一の公的な機関」とみなしている。パーレンがめざしていたのは、ロシア法による統制の強化、ひいてはロシア法への一元化なのであった。したがって、ベフブーディーの建白書が顧慮されることはなかったが、トルキスタン自治の構想がすでに一九一七年のロシア革命以前に生まれていたことは明らかである。

　このような活動と並行して、ベフブーディーは新しい啓蒙の手段を着想する。それはロシア人やアゼルバイジャン人によって上演されていた演劇であった。まさに口語によって演じられる舞台を使って改革のメッセージを伝えようとしたのである。彼はトルキスタン人による最初の近代戯曲『父殺し』を創作する。「学ばざる青年の末路」という副題をもつ戯曲のあらすじは、ムスリム富豪の無学な放蕩息子が遊ぶ金欲しさに不良仲間の誘いに乗り、父親の金庫をねらっ

▼パーレン（一八六一〜一九二三）　ラトヴィア地方にルーツをもち、ピョートル一世の時代からツァーリに仕えた貴族の出身。彼の率いた元老院査察は一九〇八年六月から翌年六月にかけて、トルキスタンの行政と産業の全般を対象とした。彼は軍政を廃止して帝国内の他地域との均質性を高め、それによって帝国への統合を進めることを主張したが、陸軍省はこれに反対し、軍政は継続された。十月革命後に亡命し、その際彼が集めた多くの資料も散逸した。

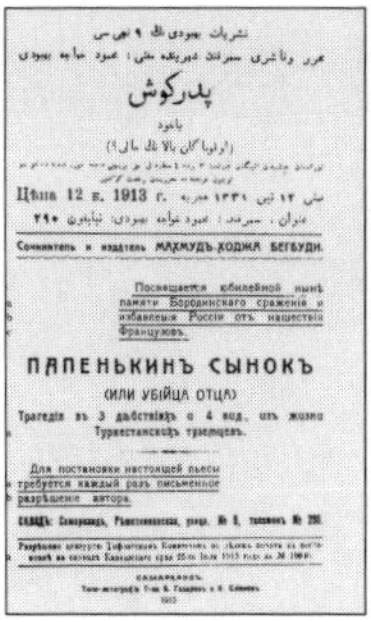
پدركوش

Цѣна 12 к. 1913 г.

Сочинитель и издатель МАХМУДЪ ХОДЖА БЕГБУДИ.

ПАПЕНЬКИНЪ СЫНОКЪ

(ИЛИ УБІЙЦА ОТЦА)

『父殺し』の表紙

たときに誤って親を殺害し、一家は破滅に至るというものであり、教育の不備を社会問題として提起する作品となっている。当局の検閲を通りやすくするために表紙に「ボロジノの会戦とフランス人の侵攻からのロシアの解放一〇〇周年を記念して」というフレーズを掲げた作品は一九一三年に刊行され、翌年一月に上演されると大きな反響をよんだ。以後、ジャディード知識人はしばしば自らも舞台に立ちながら、演劇というメディアを積極的に活用することになる。

アブドゥラウフ・フィトラト

新方式学校は、ロシアの保護国ブハラ・アミール国の首都にも開設された。タタール人の非公認の学校に続いて一九〇八年には「青年ブハラ人」と称する改革派知識人グループによってブハラ人師弟のための学校が個人宅内に創設される。彼らは教科書出版のために「聖なるブハラ会社」を設立し、教授法を学ぶためにガスプリンスキーの本拠地バフチサライと先進的な近代教育施設を有するイスタンブルにメンバーを派遣した。しかし、古くから中央アジアにおけるイスラーム教学の中心地であったブハラでは、伝統の改変を許さず、既得権の喪失をおそれる保守派ウラマー（学識者）が、これをイスラーム法に反するハラーム（禁止行為）として激しく攻撃した。ブハラのムフティーのなかでもっとも学識にすぐれ、清廉直言の士であったダムッラー・イクラムは、イスラーム法に照らして学校は是認されるというファトワ（法解釈）を出したが、ウラマー多数派の威嚇と混乱を恐れたブハラ政府は翌年これを閉鎖する。これは内外のムスリム・ジャーナリズムで大きな反響をよんだ。

　この青年ブハラ人のなかで頭角を現したのが、本書の二人目の主人公フィトラト（一八八六〜一九三八）である。彼は後年「私は、アジアでもっとも蒙昧《もうまい》な宗教都市、暗黒の統治に従うブハラ」に生まれたと書いている。父は教養のある商人であったが、新疆のカシュガルやイラン方面に出向いて留守にすることが多く、基礎教育は文学好きで読み書きもできた母親から受けたという。やがて十六世紀に創建された名門の学院ミーリ・アラブ・マドラサに進んだフィトラトは、同時代人から「ブハラの学生の中でももっとも有能で教養があった」という評価をえている。はじめは新方式学校に反対していたが、イスタンブルで刊行されていたイスラーム改革主義の雑誌『スラト・ミュスタキム』などに

▼ダムッラー・イクラム（一八五四〜一九二五）　十九世紀末に巡礼をおこなったとき、他国との比較でブハラの後進性を自覚したという。ムフティーやカーディーという公職にあっても、アミールや役人、ウラマーの不正を公然と批判してはばからず、一九一四年一月の高位のウラマーの集会でも教育改革に向けての不退転の決意を語っていた。一九二〇年のブハラ革命後は、イスラーム法裁判所の長に任命された。ダムッラは優れた学者の尊称。

▼ミーリ・アラブ・マドラサ　一五三六／三七年に創建されたブハラ最大のマドラサ。二階建てで学生らが寄宿する一一四の居房を有した。名称は同時代のシャイバーン朝君主が尊崇したスーフィー聖者の通称に由来。ソヴィエト時代もイスラーム「聖職者」育成機関として機能した。

接するうちに改革の必要を覚えるようになったという。これはスルタン・アブデュルハミト二世▲の専制を終わらせ立憲制を回復させた一九〇八年の青年トルコ人革命後に刊行された多数の雑誌の一つであり、アフガーニー▲やムハンマド・アブドゥフ▲らの改革思想を継承しつつ、寄稿者にはオスマン帝国のムスリム知識人のみならず、イスタンブルに亡命・寄留していたロシア・ムスリムの知識人も少なくなかった。その一人タタール人ジャーナリストのタジェッディンは、「哀れむべきブハラ」と題した論説（一九〇九年十一月）で次のように書いている。

未来のブハラ人の姿を映すはずの学生たちが、このように無意味な学問に取り組んでいる一方で、ブハラの専制はほしいままに権力をふるい、国民をいためつけている。この専制はティムールの後裔である本来の勇者たちを柔弱、従順な人間に変え、ながく奴隷の状態にとどめてきたのだ。半世紀前は全ロシア・ムスリムの頼みの綱であったブハラの統治は、いまや巨大なターバンの権力をかさに特権をふるう、自己保身の亡者や放蕩の徒輩の手中にある。ブハラはかつてイスラーム文明の中心であり、そのウラマ

▼アブデュルハミト二世（在位一八七六～一九〇九）　一八七八年、露土戦争を口実として生まれたばかりの憲法を停止、議会を閉鎖して専制政治をおこなった。厳しい言論統制によって反対派を抑圧した。

▼ジャマールッディン・アフガーニー（一八三八～九七）　イスラーム世界がヨーロッパ列強への従属をしいられ、植民地化が進むなかで、帝国主義に対する抵抗とイスラーム諸国の内部変革を主張して各地を巡った革命的な思想家。イランやエジプトなどでの民族運動に大きな影響を与え、ヨーロッパ側からは汎イスラーム主義の総帥と目されていた。

▼ムハンマド・アブドゥフ（一八四九～一九〇五）　エジプト出身のイスラーム改革思想家。アフガーニーの薫陶を受けて革命運動に参加、国外追放となったあと、パリでアフガーニーとともに『固き絆』誌を刊行して、ムスリムの連帯と自己変革、専制打倒を訴えた。カイロに戻ったのちは、宗教・教育制度の改革にあたり、指導的な法学者として啓示と理性の調和を説いた。

●ブハラ・アミール国を病人にたとえた風刺画

ブハラ・アミール：先生，病気は何かね？
ヨーロッパ人の医師：患者の脳はすっかり虫食いになっています。早急な治療が必要です。そうしないと長くはもたず，亡くなってしまいます。
ブハラ・アミール：治療だと？
医師：この瓶の薬(近代教育)できれいにしなければなりません。
ブハラ・アミール：大臣やウラマーに相談してみよう。

大臣：陛下，病人にはいささか改革の煙が必要です。汗をかかせてはいかがでしょうか［国民に改革の気配を感じさせればよい］。
ウラマー：西洋人の医者が言うのは間違いですし，大臣の処置も余計です。病人からはたんと血をとらねばなりませんから，安静にさせるべきです［税をとりたてるだけで，放っておけばよい］。

＊2点とも『モッラー・ナスレッディン』第6年20号(1911年)より

ミーリ・アラブ学院　中央の広場の左側に位置し、右はブハラ最大の金曜モスク、中央奥はブハラの象徴ともいえる12世紀のカラハン朝期に建造されたカラーン・ミナレット。

ーはあたかも神の正義を具現するかのように、公正な判断を下したものである。しかし、かつての「法の館」は、いまや「賄賂の館」と化し、ブハラは抑圧と不正の住処《すみか》となりはてた。ブハラの民には、抑圧はもはや慣習とすらなりはじめているのである。

しかし、このような状態がいつまでも続くはずはない。この虐げられた人々もタタール人の影響を受けて鍛えられ、ブハラの変革の必要に目覚めることだろう。彼らもまた二十世紀に生き残るには、新しい教育の普及を欠かすことはできないと認識するにちがいない。ただし、この覚醒は一つの革命である。それは必ずや動乱を招き、多年にわたって国民の血を吸ってきた「破廉恥漢」のあらゆる妨害に直面するだろう。

青雲の志にもえたフィトラトは、一九〇九年末か一九一〇年初め革命直後のイスタンブルに留学し、勉学と執筆に励むかたわら、同志とともに「ブハラ教育普及協会」を立ち上げる。有為の人材を海外留学に送り出すことは青年ブハラ人の重要な戦略であった。そして、自身は新制の高等教育機関メドレセテュル・ヴァーイズィーン（一九一二年末に開校）に学ぶ。それは高度なイスラーム

●―**フィトラト**（上、一九一五年ころ　下、年代不詳、中央着席がフィトラト）

の学知と幅広い教養を身につけ、従軍イマームを含めて社会貢献のなしえる説教師の育成をめざす四年・給費制の学院であり、留学生も受け入れていた。カリキュラムはイスラーム諸学とアラビア語のほか、歴史・地理・文学（オスマン・アラブ・ペルシア）・数学・自然科学・哲学・教育学・法律学・経済学・保健学、そして体育からなっていた。伝統墨守のブハラのマドラサを見慣れてきたフィトラトの目には革新的な学舎と映ったことだろう。彼はここでユスフ・アクチュラ▲によるテュルク史の講義を聞いていたかもしれない。

四年ほどの滞在の間に彼はいくつかの著作を刊行する。それはいずれもブハラの伝統的な文章語ペルシア語で書かれている。代表的な作品として『争論』（一九一一年）を取り上げてみよう。この著作は、ブハラから巡礼の旅に出たマドラサの教授（ムダッリス）がインドで一人のヨーロッパ人（ファランギー）と出会い、新方式学校の是非をめぐって論争を交わし、最後に保守派の無知なウラマーを体現する教授が教育改革の必要性を認めて降参するという筋書きになっている。ヨーロッパ人すなわちフィトラトは、コーランやハディース▲から自在の引用を行って教授の言葉を次々と論破していく。ここで引かれているハディ

▼ユスフ・アクチュラ（一八七六〜一九三五）　トルコ・ナショナリズムの指導的な思想家。カザンの裕福なタタール人企業家の息子で幼年からイスタンブルで教育を受け、陸軍士官学校に進んだが、青年トルコ人運動への加担で追放され、パリに留学した。多民族のオスマン帝国を救うには、オスマン・トルコ人がナショナリズムに目覚めてトルコ人国家に向かうべきと主張して言論活動を展開し、ロシアの一九〇五年革命期にはロシアでもムスリムの政治運動を指導した。青年トルコ人革命後はテュルク主義の機関誌『テュルクの母国』を創刊し、トルコ革命後は歴史や文化の探求を通してトルコ・ナショナリズムの普及に貢献した。

▼ハディース　預言者ムハンマドの言行録で、ムスリムが守るべき規範の源としてコーランにつぐ価値をもつ。最初は口承で伝えられていたが、九世紀の学者ブハーリーら主に中央アジア出身者によって古典的なハディース集が編纂された。

ースの一つ「学知は中国にあろうともこれを求めよ」は、近代のイスラーム改革主義者たちが西洋の新しい科学・技術の導入を正当化するために好んで引用したものである。この口語調の文体とスタイルは、従来の技巧を凝らした美文調の文学と決別した、新しいジャディード文学そのものであり、同時代人のアイニーもロシアの東洋学者ベルテリスも、タジク(中央アジアのペルシア語)文学史上におけるこの作品の意義を高く評価している。フィトラトのペルシア語作品はアフガニスタンでも読まれた。ちなみにフィトラトは、イスタンブル留学の前にインド経由で巡礼をおこなっていた。

内容についていえば、この著作のなかでフィトラトは文明史的な解釈を提示している。かつてムスリムはインドからスペインに及ぶ広大な地域に高度の文明を築いたが、このイスラーム文明はいまやその輝きを失い、イスラーム世界はおしなべてヨーロッパ列強の支配下にある。この凋落《ちょうらく》の要因は、ムスリム自らがイスラーム法の解釈を固定化して「進歩と文明の門」を閉ざし、いくつもの宗派に分裂する一方、イスラーム法を守護すべきウラマーがその責任を放棄したことにある、と。終結部に引用される古典詩、

▼**サドリッディン・アイニー**(一八七八～一九五四)　タジク人作家。ブハラの出身で一九一〇年ころから青年ブハラ人運動に参画、二月革命後のブハラ政府による弾圧で七五回のむち打ち刑を受けたが、ソヴィエト組織の介入で解放された。中央アジアのペルシア語文学の精華を集めた『タジク文学精選』(一九二六年)は、タジク・ナショナリズムの創成に寄与し、ソ連時代は社会主義リアリズムに即した作品を書いた。

▼**ベルテリス**(一八九〇～一九五七)　ソ連の東洋学者。ペトログラード大学東洋言語学部を卒業、同教授を務めた。ソ連科学アカデミー通信会員でペルシア文学を中心に多数の著作を発表。

異教徒の大群は、われらの疲弊より
偶像崇拝教徒の繁栄は、われらの荒廃より出でしこと
イスラームの本質は、かつてあったがままなれど
今日の過誤は、すべてわらムスリムのなせる業なり

ここには彼の解釈が凝縮されている。それではなにが必要か。

未開のロシア人をタタール、キルギズ［カザフのこと］、トルキスタン、コーカサスのムスリム奴隷の主人としたのは科学である。諸君トルキスタンのムスリムが、このまま貴い青年時代の三七年を古典の断片の無意味な研究に費やし、有益な科学の恩恵に浴そうとしなければ、数年にしてトルキスタンのイスラームは、その名を歴史にとどめる以外、なにものをも残さず消滅してしまうことだろう。

まさに西徳二郎が危惧したような事態である。フィトラトによれば、新方式学校は現代科学を学びとるための門であり、これを閉ざす者は「イスラームの敵」、「売国奴」にほかならないのである。作品には同時代のイスラーム世界の大変動も刻印されている。

▼ニヤズィ・ベイ（一八七三〜一九一三）　アルバニア人で陸軍士官学校を出たあと、青年トルコ人組織に属した青年将校（大尉）。一九〇八年七月、スルタンに立憲制の回復をせまる武装蜂起に決起して、「自由の英雄」と賛美された。

▼エンヴェル・ベイ（一八八一〜一九二二）　陸軍士官学校を出たあと、青年トルコ人組織に参加し、ニヤズィ・ベイに呼応して決起した。彼もまた「自由の英雄」と称えられる。革命後「統一と進歩団」の指導部に入って陸軍大臣となり（高官となったことからパシャの称号を有した）、ドイツと手を組んでオスマン帝国を第一次世界大戦への参戦に導いた。敗戦後はドイツ経由でソヴィエト・ロシアにわたり、イスラーム革命組織を構想する。しかし、ボリシェヴ

考えてもみたまえ。ニヤズィ・ベイとエンヴェル・ベイがイスタンブルの立憲制のために尽くした努力はいったい人道主義以外の何だろうか。サッタール・ハーンとバーケル・ハーンがイランの立憲制のために自らの命もかえりみず奔走したのは、同胞の安寧をおいていったいなにを考えたのだろうか。

ここで著者は、青年トルコ人革命の立役者となった二人のオスマン軍将校、イラン立憲革命を防衛したタブリーズ蜂起の二人の英雄の活動を称賛している。この二つの革命はやがてアミールの専制と闘う青年ブハラ人を鼓舞したにちがいない。

フィトラトの著作は、ウズベク語にも翻訳され、中央アジアの若いジャディード知識人のいわばマニフェストとなった。ベフブーディーもこれを読み、一九一一年九月『トルキスタン地方新聞』に書評を書いている。もちろん「ヨーロッパ人」の議論に共感を示すのだが、ロシア語学習の必要性を明示していないことが彼には不満だった。「今は進歩の時代、世界は科学の世界、無知のまま社会の存続をはかることなどできようか」、ブハラ人が国と社会をしかるべ

ィキとは対立し、一九二一年トルキスタンのバスマチ運動に身を投じたのち、赤軍との戦いで戦死した。ムスタファ・ケマル(アタテュルク)とは終生のライバルであった。

「自由の英雄」ニヤズィ・ベイ(右)**とエンヴェル・ベイ**(左)

▼**サッタール・ハーン**(一八六七/六八〜一九一四)　イラン立憲革命のさなか、タブリーズ市街で国王のクーデタに対して九カ月にわたる抵抗戦を指揮して立憲制の復活に貢献した任侠無頼集団のリーダー。

▼**バーケル・ハーン**(?〜一九一六)　サッタール・ハーンと同じく国王軍に包囲されたタブリーズの防衛戦を指揮した任侠無頼集団のリーダー。「国民司令官」と称えられた。

く運営するにはロシア語学習が不可欠だと彼は指摘する。これにはもう一つ理由があった。この時代、ムスリムの間には子弟をロシアの官立学校に送ればロシア化されてしまうという警戒心がまだ根強かった。ベフブーディーは、この機会に人々の誤解を解いておきたかったのだろう。彼は自分の息子もサマルカンドのギムナジウム(中学校)予科に通っているが、正教教育など受けたことはないと断言している。彼は、ブハラ人は学生をイスタンブルやカイロのみならず、ロシア語習得のためにトルキスタンやサンクト・ペテルブルクにも送るようよびかけるのである。

たしかにロシア語は必須であった。一九〇七年五月ドゥーマで登壇したサマルカンド選出議員のアブドゥルハリロフはこう語った。「議員諸君、私はやっとのことでロシア語を話している。わがトルキスタンでは誰もロシア語を知らない。なぜなら、ロシア政府は人々からさまざまな税金を取るが、われわれにロシア語を教える学校は建ててくれず、反対にわれわれの母語を教える学校を閉鎖したからだ。したがって、罪はわれわれではなく、政府にある。」これは満場の拍手を誘ったというが、当時の実情を鮮明に伝える逸話である。

②―革命の前夜

ゼキ・ヴァリドフ

この時期の中央アジアにおいてロシア語にたけていることは大きな意味をもち、そうした人々は革命の時代にあってしばしば重要な役割を演じた。本書の第三の主人公ゼキ・ヴァリドフ（一八九〇〜一九七〇）もその一人である。彼は前記の二人とは異なり、ウラル山脈南麓とヴォルガ川との間に住むバシクルト（ロシア語ではバシキール）人のキュゼン系一氏族の出身である。かつて尚武の遊牧民であったバシクルトの名前は、九二〇年代初め、アッバース朝カリフの命を受けてヴォルガ中流域のブルガルの王に使いした使節団の一人イブン・ファドラーン▲の旅行記にも記されている。バシクルト人はイスラームを受容したあとも、テュルクの伝統をもっともよく保持してきたというのがヴァリドフの持論である。十六世紀半ば以来ツァーリの臣民となった彼の祖先たちは、バシキール軍団▲に編成されて各地の戦いで軍功をたてたことが知られている。

ヴァリドフは、家畜を連れて夏営地と冬営地の間を移動するという遊牧的な

▼**イブン・ファドラーン**（生没年不詳）　九二一年六月にバグダードを出発して翌年五月にブルガル王の拠点に達した。この旅の途次、まだイスラームを受容していない多様なテュルク系遊牧民の集団に遭遇して記録を残しているが、バシクルトもその一つである。邦訳として、家島彦一『ヴォルガ・ブルガール旅行記』（平凡社、二〇〇九年）がある。

▼**バシキール軍団**　一七九八年にコサックをモデルに編成され、中央アジア方面の国境管理のほか、多くの戦役に従軍した。一八一二年の対ナポレオン戦争でも勇戦したことが知られている。一八六五年に解散。

軍服姿のヴァリドフ

▼ニコライ・ヤドリンツェフ（一八四二〜九四） ロシアの民族学・考古学者、シベリア研究家。シベリア分離・独立を唱えたために投獄、流刑処分を受けた。主著に『植民地としてのシベリア』（一八八二年）、『シベリアの土着民——その生活と現況』（一八九一年）などがあり、ヴァリドフもこれらを読んだという。また、アルタイ地方の学術探検調査で帝室ロシア地理学協会の金牌を受け、オルホン川上流地域の調査ではモンゴルの古都カラコルムの遺跡や一連の突厥碑文を発見した（一八八九年）。

伝統の残る村に生まれたが、両親をはじめ一族には教養にあふれた人々が多かった。彼は父からはアラビア語、母からはペルシア語を学んだが、父は幼年から息子にロシア語を学ばせた。自分が兵役に就いていたときにロシア語を知らないばかりに酷い仕打ちを受けたからである。日露戦争が始まると、叔父は毎日町から戦況を伝える電文を取り寄せてヴァリドフに読ませた。これは彼のロシア語を上達させるとともに、政治問題に関心を抱く契機ともなったという。

ガスプリンスキーの『テルジュマン』を定期購読していた父は、マドラサを経営する教師であり、ヴァリドフもここで学ぶかたわら、その一隅に「村民文庫」という小さな図書館を開き、主にロシア国内で出ていた新聞・雑誌や書籍を集めていた。父の幅広い交友関係のおかげで、父と巡礼行を共にした前記のイブラヒムからも留学すべきか否かについて助言をもらうことができた。少年時代から多言語を学んだ彼は、アラビア語・トルコ語・フランス語・ロシア語などの著作を読みふけったが、ロシア語のなかではとくにシベリア自治を唱えたヤドリンツェフ▲の著作に影響を受けたことを浩瀚《こうかん》な回想録に記している。はじめはヤドリンツェフに抵抗感のあった父も、息子がアルタイ人やカザフ人に対する著者の愛情に満ちた言葉を紹介すると納得し、おそらくはガザーリー▲から引いた「暴君の子の心を打つ嘆きや叫びは、虐げられた者たちの救済を招く」という意味のアラビア語の格言を口にして、著者のために祈りを捧げたという。

ロシアで高等教育を受けることを決意したヴァリドフは、村を離れ大都市のカザンで本格的な勉学に励むことになる。カースィミイェ・マドラサに籍を置きながらアラブ文学、イスラーム学、ロシア語、ドイツ語などの個人教授を受け、イブラヒムの息子ミュニル▲が編集部にいた有力紙『ベヤーヌルハック（真実の解説）』の校正作業で収入をえるという生活が始まった。一九〇九年にはマドラサのテュルク史・アラブ文学の講師に任じられ、しだいにテュルク史研究に没頭していくことになる。このころの彼の問題関心は、イスラーム諸民族とりわけテュルクの衰退の要因はなにか、そしてそれはイスラームに起因するとする説は正しいのかという点にあった。先行研究を批判的に検討した彼は、ロシア東洋学の碩学《せきがく》バルトリド▲らの説に納得する。それは、イスラーム諸民族が衰退したのは、イスラームの教養のためではなく、十六世紀以来海上航路が

▼アブー・ハーミド・ガザーリー（一〇五八〜一一一一）　中世のスンナ派イスラーム思想の大成者。主著にイスラーム法とスーフィズムとを調和させた『宗教諸学の再興』があり、イスラーム思想の古典として現代においても広く参照されている。

▼アフメト・ミュニル（一八八五〜一九四二）　カザンの生まれ、日本で幅広い交友関係を築いた父親のつてで一九一〇年早稲田大学に留学し、達者な日本語でアジア主義の雑誌『大東』などに寄稿、一九二〇年代初めには横浜正金銀行のウラジヴォストーク支店に勤務し、ソヴィエト・ロシアには戻らず、一九二四年トルコに渡った。

▼ヴァシリー・バルトリド（一八六九〜一九三〇）　ロシアの東洋学者、アカデミー会員。原典史料に基づいた主著『モンゴル侵攻期のトルキスタン』（一八九八〜一九〇〇年）以下、中央アジア史・イスラーム史の領域で膨大な業績をあげ、その全九巻の著作集（一九六三〜七七年）は、現在も研究には必読の文献となっている。

開かれて旧来の陸上交易の意義が低下し、海上航路を利用したヨーロッパ人の経済的な優位がもたらされたためだとするものであった。

翌年には知己をえた東洋学者カタノフ▲の計らいで、カザン帝国大学文献学部の聴講生となる。レーニンも一時学んだこの大学は、首都の大学と並ぶ東洋学研究の中心地であり、こうした環境のもとでヴァリドフは最初の単著『テュルクとタタールの歴史』(カザン、一九一二年)を発表する。これはもともと講義の教科書「テュルクの歴史」として準備していたものであった。冒頭で「テュルクとは、現在アジアの北半と西部、ヨーロッパの東に居住して一つの言葉を話す巨大な民族の名称である」と記す著者は、早くもテュルクの全体史を書こうと考えていたのである。刊行されたのはその二巻構成の第一巻であり、最古代からモンゴル帝国期をへてカザン・ハン国の滅亡までを扱っている。この少壮のテュルク人が書いた構想豊かな歴史書は、バルトリドをはじめとするロシアの東洋学者、ガスプリンスキー、ベフブーディー、ハンガリーのヴァンベリー▲、イスタンブルのユスフ・アクチュラ、メフメト・フアト・キョプリュリュ▲らから絶賛をあびた。優れた業績によってカザン大学考古・歴史学協会の正会員に

▼**ニコライ・カタノフ**(一八六二〜一九二二)　ロシアの東洋学者。シベリアの少数民族ハカスの出身。ラドロフらに師事、カザン大学に着任後、「ウリヤンハイ語の研究」で博士号を取得。ヴァリドフの『回想録』には、非ロシア人の東洋学者が背負った辛苦を涙ながらに語る場面がある。

▼**アルミニウス・ヴァンベリー**(一八三二〜一九一三)　ハンガリー出身の東洋学者。一八六三年デルヴィシュ(托鉢僧)に変装して中央アジア地域をめぐり、その旅行記はヨーロッパ人に未知の世界を紹介して広く読者をえた。

▼**メフメト・フアト・キョプリュリュ**(一八九〇〜一九六六)　トルコの歴史家、文学者、政治家。イスタンブルの名家の生まれで、トルコ・ナショナリズムの運動に参画、世界的なトルコ学者として知られ、のちには外務大臣も務めた。

▼**『テュルクの母国』**　一九一一年の創刊にあたっては、タタール人の豪商フサイノフが提供した資金が

迎えられたヴァリドフは、正規の高等教育を受ける前から東洋学者として活動することになる。

このころイスタンブルでテュルク主義の雑誌『テュルクの母国』を刊行していたアクチュラは、気鋭のヴァリドフに論文の寄稿を依頼した。結果として一九一四年『科学雑誌』(第二巻七号)に掲載された論文「イブン・ハルドゥーンに見るイスラーム諸政権の未来」の内容は、なかなかに興味深い。著者によれば、神権政治はテュルクにとって最大の災厄であり、西欧文明を受容しようとするなら、イスラームもそれに合わせなければならない。もともとテュルクは王権と教権(カリフ権)とを分けていた。テュルクとモンゴルの統治システムにおいて宗教に関わる要素はなく、チンギス・カンのヤサの適用はイスラーム世界に新時代を開き、ヤサの痕跡はトルコにも残っている。中央アジアのイスラーム政権がロシアに屈したのは、チンギス・カンのヤサを離れてシャリーア(イスラーム法)に依拠したためである。かつてティムールその人と面談したイブン・ハルドゥーンも、ティムールは国をヤサと規律で統治したと書いている。要するに宗教と政治権力とは完全に分けるべきだというのである。これは後に

用いられた。

▼ヤサ(ジャサ)　チンギス・カンが制定したという法律。文献では断片的に伝えられるだけだが、テュルク・モンゴル系の遊牧民の間では、守るべき慣習法としてのヤサの観念が共有されていた。

▼ティムール(一三三六〜一四〇五)　ティムール朝の創建者。チャガタイ・ハン国の分裂期に頭角をあらわし、類まれな戦略と統治能力を発揮して中央アジアからアフガニスタン、イラン、イラクにおよぶ大帝国を一代にして築いた。その首都サマルカンドは同時代のイスラーム世界では随一の都市に成長した。

▼イブン・ハルドゥーン(一三三二〜一四〇六)　アラブの歴史家。北アフリカのチュニス生まれ。大著の世界史の冒頭にあたる『歴史序説』は、その独自の文明論によって後世のオスマン帝国やヨーロッパでも注目を集めた。一四〇一年ダマスカスで面会したティムールのことを「すこぶる知的で明敏な人物」と記している。

アタテュルク▲の目にもとまった。一九三〇年二月アンカラの大統領官邸に招かれたヴァリドフは、この論文を手にしたアタテュルクから質問を受ける。「チンギスの天才によって出現したこの上なく秩序だった軍事体制は、イランの官僚制を一掃した」という一文に出てくる「官僚制《クルタシーイェ》」というのはなにかの間違いではないか、と。トガンもすぐに理解した。彼の論文をオスマン語に直す際、訳者は原文の「神権政治」を「官僚制」と誤訳したのである。得心したアタテュルクは、「あなたはトルコに来られる前からわが国によきメッセージを送ってくださったのだ」と語ったという。彼がカリフ制を廃止したのは一九二四年、ヴァリドフが新生のトルコに渡ったのはその翌年のことであった。

ヴァリドフとトルキスタン

ヴァリドフの歴史書はトルキスタンでも大きな反響をよんだ。コーカンドからはこれを読んだ二人の青年が村で夏を過ごしていた彼のもとを訪れ、歴史研究の方法の教示を求めたという。彼らは終生の友となる。そして実力を買われたヴァリドフは、一九一三年から翌年にかけてカザン大学考古・歴史学協会か

▼アタテュルク（一八八一～一九三八）　本名はムスタファ・ケマル。トルコ共和国初代大統領。陸軍士官学校の出身で青年トルコ人運動に参画、歴戦の軍人であり、第一次世界大戦中はガリポリの戦いで連合軍を撃退して勇名をはせ、敗戦後はトルコ独立戦争を指揮してギリシア軍を打ち破り、トルコ共和国の建国を導いた。オスマン帝国以来のスルタン制やカリフ制をはじめとするイスラーム的諸制度を廃止して、世俗化と近代化を推進する一方、トルコ・ナショナリズムの育成に努めた。「アタテュルク」（父なるトルコ人）は、一九三四年に議会から贈られた姓。

▼ムスタファ・チョカエフ（一八九〇～一九四一年）　現カザフスタン南部のクズルオルダの出身。一九一四年にドゥーマのムスリム会派書記、二月革命後には臨時政府のトルキスタン委員会メンバーなどを務め、イスラーム協議会にも参画。トルキスタン自治政府では外務大臣、ついで首班となったが、ソヴィエト政権に敗れて国外に逃亡、パリで『青年ト

らテュルクの歴史と民族誌の研究および写本・文書の調査・収集のためにトルキスタンに派遣される。調査の中心はフェルガナ地方であったが、サマルカンドやブハラにも足を伸ばした。現地ではバシクルト人の軍人・東洋学者ディヴァエフらの紹介で多くの知己をえた。たとえば、カザフ人ではペテルブルク大学の法学部生ムスタファ・チョカエフ▲、ウズベク人では若い詩人チョルパン、タシュケントの指導的なジャディード知識人ムナッヴァル・カリと弁護士のウバイドゥッラ・ホジャエフ(ディバエフ、チョルパン、カリ、ホジャエフは三九頁参照)、そしてベフブーディーである。写本収集家の中には、ロシア人には絶対に見せないが、あなたは別だといって見せてくれた場合もあった。

本務は学術調査であり、実際にナマンガンではある蔵書家の家で『クタドゥグ・ビリグ』▲の古写本を見ている。それは学界には未知の貴重な発見であった。タシュケントではアンカラの戦いの挿画も収めたヤズディーの『勝利の書』の見事な写本を目にし、クルグズの英雄叙事詩『マナス』▲(次頁用語解説参照)のこれまた未知の写本を入手している。後者はコーカンド・ハン国末期に書写され、約六万の対句を含んでいた。しかし、それと同時にヴァリドフはすでにこのと

ルキスタン』誌(一九二九〜三九)を刊行してソ連の民族政策を批判、トルキスタン人の大義を訴えた。亡命先ではトルキスタン民族連合の主導権などをめぐってヴァリドフと対立した。

▼**『クタドゥグ・ビリグ』**　現存するテュルク・イスラーム文学作品としては最古のもので、カラハン朝期にバラサグン出身のユースフによって一〇六九／七〇年に完成、題名の意味は『幸福になるための知識』。君主を読み手に想定した教訓的な長編詩で、ヴァリドフが発見した写本は、それまでに知られていたヘラート写本(ウイグル文字)とカイロ写本(アラビア文字)に次ぐ第三の写本(アラビア文字)で、史料的な価値はきわめて高い。

きから政治活動に関わっている。各地の同志とともに秘密の政治組織を結成してトルキスタンの民族運動の立ち上げを試みたのである。しかし、経験の不足と関係文書が官憲の手にわたったことの恐怖から綱領の策定には至らなかった。それでも、社会民主党員のナリフキンや社会革命党員のチャイキンらのロシア人社会主義者と知遇をえると、彼らとジャディード知識人をつなぎ、「トルキスタンの声」というテュルク語およびロシア語の新聞の刊行を計画する。発刊の趣旨は、(一)シベリア鉄道とイラン・アフガニスタン国境との間に居住するすべての現地民の法的な権利と税金をロシア人と同等にすること、(二)ムスリム遊牧民が定住して村や都市で土地を与えられるまで、ロシア人の入植は認めないこと、(三)近代的な教育を普及することの三項目からなっていた。一九一四年四月にタシュケントで創刊されたテュルク語の『セダーイ・トルキスタン』▲はたしかに有力紙の一つとなった。いずれにしても、この調査旅行のときに培われた幅広い交友関係は、のちのトルキスタンでの政治活動に活かされることになる。

一九一四年バルトリドの推挙でロシア科学アカデミーから再びトルキスタン

▼『マナス』 クルグズの英雄叙事詩。英雄マナスと息子、孫の三代を主人公とする長大な叙事詩で、一八万行におよぶバージョンもある。長く口承で伝えられてきた。なお、ヴァリドフは内戦中も大切に保持していたこの写本を一九二〇年九月バクーでの東方諸民族大会の際にクルグズ人の知人に貸与したが、彼は翌年赤軍との戦いで戦死したために、行方は不明になったという。

▼『セダーイ・トルキスタン』(トルキスタンの声) ウバイドゥッラ・ホジャエフが創刊した「文学、経済、科学、社会に関するテュルク語新聞」。多くのジャディード知識人が寄稿したが、翌年一六六号を出したところで当局から停刊処分を受けた。

●──ヴァリドフがトルキスタンで知己をえた人物

エブーベキル・ディヴァエフ (1855/56 ～ 1933)	ヴァリドフによればバシクルト人。オレンブルクの陸軍士官学校を卒業後，トルキスタンで行政官として勤務するかたわら，カザフ人などの民族誌学研究をおこなって多数の業績を発表した。テュルク英雄叙事詩『アルパムス』の採録・出版(タシュケント，1901 年)も彼の手になるものである。この叙事詩の翻訳として『アルパムス・バトゥル──テュルク諸民族英雄叙事詩』(坂井弘紀訳，平凡社，2015 年)がある。
チョルパン (1897 ～ 1938)	アンディジャン出身の詩人・作家，本名はアブデュルハミト・スレイマン。テュルク，ペルシア文学とロシア文学を学び，1920 年代にはウズベク新文学の旗手となった。革命直前の社会を描いた歴史小説『昼と夜』，『ハムレット』のウズベク語訳などがあるが，「反革命活動」の罪状で粛清された。
ムナッヴァル・カリ (1878 ～ 1931)	トルキスタンの啓蒙思想家，ジャーナリスト。マドラサに学んだあと，『テルジュマン』などを通して新思想を学び，1905 年タシュケントに新方式学校を創設，自らも教科書を執筆した。教育支援団体や演劇団トゥランなどの結成にもあたり，二月革命後はイスラーム協議会の創設メンバーとして自治運動を指導した。ソヴィエト政権下でも教育・啓蒙活動に従事したが，「反革命の民族主義者」として逮捕，射殺された。
ウバイドゥッラ・ホジャエフ (1886 ～ 1939)	タシュケントのロシア語・現地語学校を卒業後，サラトフの大学で法学を学び弁護士となる。トルストイとの文通でも知られる。『トルキスタンの声』紙の編集にあたり，二月革命後はイスラーム協議会の議長，トルキスタン・ムスリム中央協議会書記，全ロシア・ムスリム大会代議員などを務め，トルキスタン自治政府では軍事を担当した。ソヴィエト政権下では逮捕と流刑が繰り返され，流刑先で死去した。
ウラディミル・ナリフキン (1852 ～ 1918)	トルキスタンの行政官，東洋学者。軍人として中央アジアの征服作戦に従ったが，指揮官スコベレフの残虐行為に抗議して退役，以後行政官として勤務するかたわら，現地語を習得して歴史，民族誌研究に打ち込んだ。ロシアの植民地行政に対しては批判的な立場をつらぬき，第二ドゥーマ議員のほか，二月革命後には臨時政府のトルキスタン委員会議長を務めたが，ボリシェヴィキと対立して自殺をとげた。
ヴァディム・チャイキン (1886 ～ 1941)	アンディジャン在住の社会革命党の弁護士。二月革命後，フェルガナ州労兵ソヴィエト議長。トルキスタン自治運動に共感し，自治政府が打倒されたあと，「トルキスタン憲法制定会議招集委員会」名でウィルソン大統領とパリ講和会議宛にトルキスタンの自治権の承認を求める電報を送っている。

へ派遣されたヴァリドフは、ブハラ・アミール国を中心に写本の調査・収集と考古・民族誌学調査をおこなった。このとき大宰相のナスルッラー・コシュベギはヴァリドフへの配慮を尽くし、アミールの宮廷の蔵書を密かに見せてくれたという。ブハラでは古いチャガタイ語に訳されたコーランをはじめ貴重な写本を見出すが、同時に蔵書は喪われ、たんに寄進財《ワクフ》からの収入をえるために存在する図書館の惨状も目にしている。これを報告書に記す際、彼は「最初の教養あるブハラのタジク人アブドゥラウフ」(フィトラトのこと)の『インド人旅行記』▲からえた情報を注に記している。ヴァリドフの調査報告書はバルトリドの校閲をへて定評ある学術誌『帝室ロシア地理学協会東洋部紀要』に掲載され、テュルク学の泰斗ラドロフ▲もこの新人を自分の研究サークルに招き入れた。以後、ヴァリドフはバルトリドのいわば研究助手の役をつとめ、二人の親交は終生続くことになる。大戦が始まると「無意味な戦争で砲弾の餌食になるのは君には似合わない」といってヴァリドフの兵役免除に奔走したのもバルトリドであった。

このころベフブーディーは、サマルカンドで『アーイナ(鏡)』という啓蒙雑

▼『インド人旅行記』　ブハラ・アミール国を旅したインド人(デリー出身のムスリム)の目を通して、その恣意的な統治と社会の矛盾と惨状をリアルに描き出したペルシア語の啓蒙文学作品(イスタンブル、一九一二年)。ブハラ国内を広く旅したヴァリドフも、この「インド人」と同じ光景を目にしていたかもしれない。

▼ヴィルヘルム・ラドロフ(一八三七〜一九一八)　ベルリン生まれで長くロシアで調査・研究にあたった東洋学者・言語学者。シベリア・アルタイ地方のテュルク諸語から古代の突厥碑文、中世の『クタドゥグ・ビリグ』まで幅広い研究を展開してテュルク学の基礎を築いた。『テュルク諸方言辞典』(一八九三〜一九一一年)は現在も参照されるテュルク学の金字塔である。

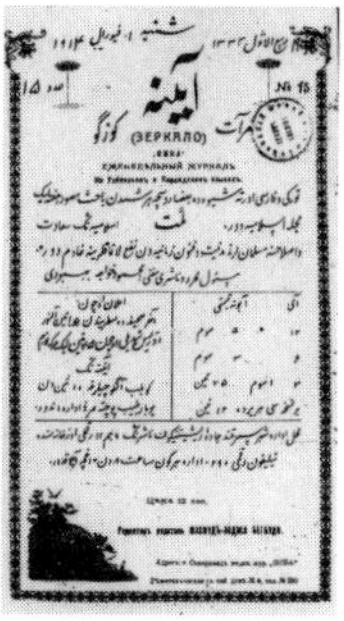

『アーイナ』の題字　本誌は石版刷りだった。

誌を刊行していた。彼はヴァリドフの『テュルクとタタールの歴史』を読んで感激し、この青年に講師としてサマルカンドに高給で招聘《しょうへい》したいと伝えたほどである。ベフブーディーは、一九一四年七月「トルキスタン史が必要なり」という短い論説のなかで次のように書いている。

> 歴史はきわめて重要で有益なものである。その効能を挙げるとすれば、ある民族がどのように発展したかを知って教訓を学び、またある民族がなぜ衰退し、しまいには滅亡してしまったのかを知って、ここからも教訓をえることができるからである。したがってわれわれにも自分たちの言語で書かれたトルキスタンの父祖たちの社会・政治状況に関する『トルキスタン史』があれば、それを目の前において古の英雄的な父祖たちがいかにして発展と文明の時代に入り、またなにゆえに衰退してしまったのかを学び知り、有益な教訓をえるはずであった。［中略］しかるに、いまだトルキスタン史について新しい研究に基いた体系的で有用な著作は書かれていない。

このようにトルキスタン史の不在を嘆くベフブーディーは、トルキスタンとテュルクについてはテュルク語、ペルシア語、アラビア語で書かれた多くの文献があり、ロシア人やヨーロッパ人はこれらを使って研究しているのに対して、自分たちの歴史家はおらず、書店もまた利益優先で歴史書はかえりみず、もっぱら興味本位の伝説や迷信じみた本を販売するばかりだと批判したうえで、待望の歴史は「トルキスタン史の研究を始めたアフメト・ザキ・ヴァリディ氏の筆に期待する」と論説を結んでいる。少壮の歴史家ヴァリドフへの期待はきわめて高かったことがわかる。

このころベフブーディーは、トルキスタンのムスリム定住民の呼称、サルト▲をめぐる論争の先頭に立っていた。バルトリドらロシアの東洋学者はこれを史書にも見える歴史的に形成されたタームだとしたが、ベフブーディーらのジャディード知識人は、これは自称ではないことを主張し、かつ遊牧民や外国人がこの呼称を用いるときに含意される侮辱のニュアンスに反発していたのである。生活様式も帰属意識(部族・氏族かそれとも居住する都市や地方か)も多様な集団からなるトルキスタン人を一つの民族として統合しようとしていたベフブーディーにとって、民族の呼称はこのうえなく重要な問題であった。トルキスタンにおける民族的なアイデンティティの形成はまだ過渡期にあったが、これを実

▼サルト 語源はサンスクリット語で「隊商長」を意味する sārtha vāha といわれ、古代テュルク語にはいって sart となった。意味は時代によって「商人」から「イラン系のムスリム定住民」、「テュルク系定住民」へと変容した。帝政期には公的に使われていたが、ベフブーディーらムスリム知識人は民族名としての「サルト」の使用を拒否したことから、ソヴィエト革命後それまで「サルト」と分類されていた人々は「ウズベク」と呼ばれるようになった。

現するためにも自分たちの言語で書かれたトルキスタン史はぜひとも必要だったのである。

一九一四年、ヴァリドフが第一次世界大戦勃発の知らせに接するのは、ブハラ・アミール国で調査をおこなっているときのことであった。このとき彼は皆と同じくオスマン帝国がドイツと組んで参戦することを期待し、このことで青年ブハラ人とも多くの意見を交わしたという。十一月オスマン帝国が事実上はドイツの軍艦▲によってオデッサを砲撃すると、ロシアはオスマン帝国に宣戦を布告し、『アーイナ』にも戦争関係の記事が頻繁に載るようになる。ここでベフブーディーは、同胞に祖国ロシアへの忠誠と協力を呼びかける。戦時に協力すれば、戦後になってトルキスタン人は民族、宗教的な権利を獲得することができると説くのである。彼は同じムスリムのタタール人兵士がドイツ・オーストリアとの戦いに出征していることにもふれながら、トルキスタンから義勇兵を募ることも提案している。同信同族が住み、近代化改革の模範でもあったオスマン帝国との開戦は、ちょうどイスタンブルから戻ったばかりのベフブーディーに葛藤をもたらしたかもしれないが、彼はこれを宗教ではなく政治的な要

▼ドイツの軍艦　オスマン政府は大戦には当初中立の立場を表明していたが、ドイツと組んでの参戦を主張していた陸相エンヴェル・パシャは、一九一四年八月イギリス艦隊に追跡されていたドイツ地中海艦隊の巡洋戦艦ゲーベンと軽巡洋艦ブレスラウ二隻を乗員とともにオスマン海軍に編入、ヤヴズ・スルタン・セリムおよびミディッリと改称したうえで、ドイツ人提督に黒海での対ロシア攻撃を命令した。十月末におこなわれた攻撃に応えてロシアはオスマン帝国に宣戦を布告、イギリス、フランスもこれに続いて、オスマン帝国は第一次世界大戦に参戦することになった。

因による戦争、しかも数世紀来くりかえされてきた戦争ととらえ、同胞には平穏を保つようによびかけている。しかし、ロシア当局は対敵協力者たる汎イスラーム主義者や汎テュルク主義者の摘発を強化し、とりわけジャディード知識人の言動は厳しい監視の対象となった。そして一九一四年の秋、戦争の展開を予知したフィトラトは、イスタンブルの新制マドラサを退学してブハラへと帰還する。それから間もなくして発表した著作『救済の指導者』ではイスラーム至上主義が後退し、「いかなる宗教や信仰をもとうとも、あるいはいかなる民族や国民であろうとも、人間はすべて」同胞であるという普遍主義の立場をとり、「人間性を破滅の淵に追いやる」戦争の惨禍を告発している。

トゥラル・ルスクロフ

トゥラル・ルスクロフと一九一六年蜂起

本書の第四の主人公ルスクロフ(一八九四～一九三八)は、セミレチエ州ヴェルヌイ郡(現在のカザフスタン、アルマトゥ地方)に貧しいカザフ遊牧民の一人息子として生まれた。父は、一八八〇年代の末、好適な遊牧地を求めて同族の一グループとともにこの地へ移牧してきたのだが、ここのカザフ人郷長は、彼らよそ者に対してつらくあたり、法外な税役を課したのみならず、ささいなことで罰金を取りたてるなどの苛政をほしいままにした。この郷長はセミレチエ州軍務知事（ロシア軍の将官）の友人であり、こうした関係を後ろ盾にした郷長の権力は絶大であった。郷長の横暴に耐えかねた父は、彼がまだ一〇歳のころ、ついにこの郷長を射殺してしまう。父は射撃の名手であった。この行為は民衆からは英雄視されたものの、父親はヴェルヌイの監獄に送られ、ルスクロフ自身にも復讐の危険が及んだ。隣人のタランチ人▲にかくまわれたルスクロフは、獄中の父親に引き取られ、監獄の付属学校で読み書きを習うかたわら、監獄長のために鶏やアヒルを飼って奉公につとめる生活を送ることになる。ここで収監者と交際したルスクロフは、生まれてはじめて「革命家」とはどういう者かを知り、心をひかれるようになったという。ちょうど日露戦争のころ、父はシベリア流刑となりヴェルヌイから出立するが、途中で護送隊をやっつけて郷里に逃亡するという離れ業を演じる。しかし、獄中で患った病気のためにまもなく亡くなってしまう。一人の正義漢の遊牧民が迎えた非業の死であった。

孤児となったルスクロフは、叔父とともにアウリエ・アタに移住し、一九〇

▼**タランチ人**　モンゴル系遊牧民ジュンガルの統治期に新疆のオアシス地域からイリ河谷に移住させられ、農奴のように農業生産に従った人々の呼称。一八八一年のイリ条約でこの地方がロシアから清朝に返還されると、彼らの多くはロシア領内に移住した。

七年ロシア語・現地語学校に入学する。しかし多少ロシア語がわかるといってもまともな職には恵まれなかった。生活は苦しく、叔父は高利貸しの厳しい取り立てにあい、ルスクロフは四〇キロ以上の道のりを歩いて最後のフエルトと牛を町のバザール売りにいくという経験もした。このときの屈辱と憤りは骨身にしみたと回想している。その後、貧しい少年のために開かれたピシュケクの農業専修学校に入学し、四年間園芸、耕作、野菜作りに励む毎日を過ごす。向学心に燃えるルスクロフは、タシュケントに行き、農業試験場で働きながら新設の師範学校への入学を希望するが、ムスリムは受け入れないと告げられる。視学官に訴えたものの、正教宣教師の資格をもつその人物は、現地民に教育の機会は与えないと語り、抗議するルスクロフを逮捕させようとしたという。そこで彼は首都の国民教育大臣に請願書を書く。ちょうどそのとき、トルキスタンの現地民を銃後の労働に動員する勅令が出され、ほぼ全域でこれに反発する動きが始まった。

第一次世界大戦は、前線を遠く離れたトルキスタンのムスリムにも深刻な影響を与えた。彼らは征服当初から兵役の対象とはされていなかったが、国をあげての総力戦が始まると、戦時税の負担のほか食料・家畜の徴発や義援金の強要がおこなわれた。このようななかで一九一六年六月二十五日、ニコライ二世は戦時労働力の不足を補うために、トルキスタンからは二五万人、カザフ草原諸州からは一四万人の成年男子（一九〜四三歳、実行段階では三一歳に引き下げ）を動員する勅令を発した。しかし、この突然の動員令は植民地統治のもとで蓄積されてきた民衆の不満に火をつけることになった。かれらは一八九八年のアンディジャン蜂起▲をはるかにしのぐ大規模な抗議行動を起こした。決起した人々は、とくに実際の動員の割り当てをおこなう郷長を襲い、通信施設や鉄道線を破壊してロシア軍の懲罰部隊と衝突した。聖戦が叫ばれる場面もあった。とりわけセミレチエ州のように多くのスラブ系農業移民が入植していた遊牧民地域では、農業移民とカザフ・クルグズ遊牧民との間の対立が激化し、殺戮と略奪が繰り広げられた。これに対してロシア当局は戒厳令をしくとともに、大部隊を派遣して鎮圧と懲罰にあたらせた。ロシア軍と武装した農業移民に追われた遊牧民は、膨大な犠牲を出しながら中国領の新疆に避難することを余儀なくされた。

▼**アンディジャン蜂起**　一八九八年五月フェルガナ地方に二万ともいわれるムリード（信徒）を有したナクシュバンディー教団のドゥクチ・イシャーンが、ロシア統治からの解放をめざしてアンディジャンのロシア軍兵営に夜襲をかけた事件。この蜂起は、トルキスタンの統治に自信を深めていたロシア当局を震撼させるとともに、ロシアによる過酷な懲罰はムスリム世論に大きな影響を与えた。

蜂起の直前の五月、動員令の可能性が伝わると、サマルカンドのベフブーディーの家にはタシュケントのムナッヴァル・カリや青年ブハラ人のオスマン・▲ホジャらのジャディード知識人が集まり、動員令の法制化を阻止することやそれがくだった場合には抗議運動を起こすことを決議したという情報もあるが、具体的な行動には結びつかなかった。一方、このころペトログラードで研究のかたわら第四ドゥーマのムスリム会派の秘書役をしていたヴァリドフは、同役のチョカエフらとともに、戦時動員されたトルキスタン人の作業の実態を調査するために現地に赴き、問題解決のために議員のケレンスキー▲とも協議を重ねていた。翌年のロシア二月革命後に臨時政府の首班となるケレンスキーは、父親の任地であるタシュケントでギムナジウムを卒業し、国会議員となってからはたびたびの政府批判でトルキスタン人の間でも人気があったという。ちなみに、ヴァリドフは一九五八年スタンフォード大学でアメリカに暮らしていたケレンスキーと再会したが、フーバー図書館の食堂で食事を共にしたとき、彼はタシュケント時代を思い出し、かつて毎日のように聞いていたムスリムを礼拝に誘うアザーンの声をウズベク風に朗詠してみせたという。

▼オスマン・ホジャ（一八七八〜一九六八）　ブハラの大商人の息子。青年ブハラ人運動の指導者でバフチサライやイスタンブルで新方式の教育を見学し、帰国後自らも学校を開設。ブハラ人民ソヴィエト共和国では大統領に相当する要職にあったが、共和国に干渉するソヴィエト政権と対立、一九二一年末バスマチ側に転じ、アフガニスタンで活動したあとトルコへ亡命、イスタンブルではヴァリドフらとともに雑誌『新トルキスタン』（一九二七〜三一年）を刊行した。

▼アレクサンドル・ケレンスキー（一八八一〜一九七〇）　ロシアの政治家。社会革命党員の弁護士で第四ドゥーマの議員に選出され、二月革命後には国会臨時委員会とペトログラード労兵ソヴィエトの双方をつないだ。臨時政府では司法相、陸海軍相、そして首相を務め、戦争の継続を指導したがゆきづまり、十月革命で失脚して翌年フランスに亡命、その後アメリカにわたった。

ケレンスキーは、一九一六年八月ムスリム会派の議員とチョカエフ、新任のトルキスタン総督クロパトキンらとともにフェルガナ地方の各地を回り、現地の実情調査と秩序回復にあたっている。それは、たとえばアンディジャンではわずか二日の滞在の間に一〇〇名近い住民代表から意見や陳情を聴取する精力的な活動であった。こうした国会議員団の現地訪問を実現させたのは、これより先にアンディジャンの地元有力者の要請を受けてペトログラードに派遣され、議員たちと面会していたチャイキンとウバイドゥッラ・ホジャエフの尽力であった。ウバイドゥッラ・ホジャエフは、皇帝の出した動員令の無効すら訴えたという。当時まだ若かった詩人ハムザ(次頁用語解説参照)は、この二人の功績を称える詩を書いている。この年の末、ドゥーマのリベラル派議員団は、現地民に対する懲罰作戦の残酷さ、集落への放火、動産・不動産の没収、そして蜂起の鎮圧過程で犯された法律違反について、陸軍省、内務省、法務省に対して質問状を送り、これらの問題はドゥーマの委員会でも審議されたが、帝国の破局は近づいていた。

ルスクロフは、蜂起の始まりを知るとアウリエ・アタとセミレチエに赴く。

▼**アレクセイ・クロパトキン**(一八四八〜一九二五) 帝政ロシアの軍人。中央アジアの征服で各地を転戦、この間、新疆に成立したヤークーブ・ベグ政権との交渉にあたり、調査記録を『カシュガリア』(サンクト・ペテルブルク、一八七九年)として刊行。一八九八年陸軍大臣、日露戦争では極東軍総司令官となったが相次ぐ敗北で解任、一九一六年七月トルキスタン総督に着任、翌年の二月革命後に解任された。

▼ハムザ・ハキムザーデ・ニヤズィー（一八八九〜一九二九）　ウズベク詩人・作家。一九一〇年代からジャディード運動に参加、多数の作品を発表したが、ロシア人女性との結婚を批判されて一時国外に去り、ロシア革命期には自治運動を支持してイスラーム協議会にも参画。その後、共産党に入党して文化・教育活動に従事したが、一九二九年五月、無神論宣伝活動に従事していたときに激高した群衆によって惨殺された。死後、ソヴィエト・ウズベク文学の確立者に祭り上げられたが、現在その脚色を取り払って再評価する動きが始まっている。

流血の惨事を予見した彼は、同胞のカザフ人に帝政の行政当局に反抗しようとも、けっしてロシア人の農業移民に手を出してはならない、そんなことをすれば民族間の虐殺が始まると呼びかけたという。彼の反政府的な言動は通訳官を通して警察署長の知るところとなり、彼は逮捕、送検されるが、やがていくつかの条件付きで釈放される。蜂起が高まりをみせるころ、彼はあやうく生命を失いかねない大病にかかって病床についていた。まもなくして国民教育省から入学許可の通知が届くと、彼はタシュケントに行き師範学校に入学するが、ここを修了することはなかった。トルキスタンもまたロシア革命の大波を迎えたからである。

③—革命と内戦

二月革命

一九一七年二月十七日の朝、ヴァリドフはペトログラードの下宿の窓からちょうど正面に位置するプレオブラジェンスキー連隊の兵営を見ていた。前日の夜、家主のグルジア人は、明日は早朝から運動が始まるかもしれないと告げていたからである。はたして規律を乱した兵士たちのふるまいを見て、彼は兵士の反乱を感じ取った。「神よ、これを機にわが民族にも救いの道が開かれますように」と祈った彼は、「出るな、撃たれるぞ」という門番の制止を振り切ってドゥーマのムスリム会派の事務所に向かう。通りには発砲する兵士の姿があった。事務所にはいるとムスリム議員たちは徹夜でトランプに興じていたらしく、室内にはタバコの煙がたちこめていた。こんなときに賭け事とは、と怒るヴァリドフに、彼らは革命なんか起こるものかと言い返す。しかし、これがまさにロシア二月革命の始まりであった。首都には労働者・兵士代表ソヴィエト（以下、労兵ソヴィエトと略記）と並行してドゥーマ臨時委員会が成立し、ニコライ二世は退位する。

革命は帝国の保護国ブハラにも波及した。ファイズッラ・ホジャエフ▲やフィトラトらの青年ブハラ人は首都の臨時政府と労兵ソヴィエトに支援を求め、「自由で民主的な」新生ロシアの介入によって専制の支配するブハラ・アミール国の改革を実現させようとした。臨時政府の指示を受けたアミール・アーリム・ハン▲は、新政府との修好をはかるためにこれを受け入れ、四月七日には改革勅令を発布する式典を挙行する。式典にはベフブーディーも招かれていた。これを好機ととらえた青年ブハラ人は改革を支持する示威行進を組織したが、その隊列は保守派ウラマーが扇動した大群衆に襲われ、青年ブハラ人とその支持者には厳しい抑圧が加えられた。改革の期待は見事に裏切られたのである。以後、彼らはトルキスタンの労兵ソヴィエトをはじめとするロシア人の革命勢力との提携を強めることになる。そして、フィトラト自身はブハラの変革に加えてトルキスタンのムスリム政治運動への関与を深め、このころからブハラの伝統的な文章語ペルシア語ではなく、トルキスタンのテュルク語でものを書くようになる。それとともに著作にはイスラームよりは民族の論理が強くあらわ

▼ファイズッラ・ホジャエフ（一八九六～一九三八）　ブハラの大商人の息子で幼少からモスクワで学び、ロシア語に熟達した。青年ブハラ人運動左翼のリーダーとしてソヴィエト政権と提携しながらブハラ革命を実現し、ブハラ人民ソヴィエト共和国の人民委員会議議長（首相）に就任、一九二四年の民族・共和国境界画定では政治力を発揮してウズベキスタンの創設を導き、ここでも要職を歴任したがスターリン時代の粛清で命を絶たれた。フィトラトとは終生盟友の関係にあった。

▼アーリム・ハン（一八八一～一九四四、在位一九一〇～二〇）　ブハラ・アミール国最後の君主。革命で首都を追われたあと、アフガニスタンに亡命し、そこからバスマチ運動を差

配する一方、国際社会にボリシェヴィキの非道を訴えるメッセージも発した。亡命先で死去。

れていく。

権力の交代はペトログラードだけではなく、植民地トルキスタンの中心都市タシュケントでも起こった。まずロシア人の労兵ソヴィエトが成立し、少し遅れて臨時政府委員会がこれまでのトルキスタン総督による軍政に代わって行政権を握った。在住のロシア系住民は政治的には立憲民主党、社会革命党、社会民主党などに分かれていたが、革命後の統治を担ったのは彼らであった。このときのトルキスタンの人口について正確な統計資料はないが、現地のムスリム住民が六〇〇万人を超えていたのに対してロシア系は約六五万人にすぎなかった。そこで、トルキスタン人の政治参加と権利確保をめざして行動を起こしたのがジャディード知識人であり、ムナッヴァル・カリやウバイドゥッラ・ホジャエフらは、三月タシュケントにイスラーム協議会と称する政治組織を結成する。明らかにロシア人の代表組織ソヴィエトを模したものである。彼らは四月にはトルキスタン・ムスリム大会を招集し、四四〇名が参集した大会では、ロシアの新しい国家体制や土地問題を議論した。

議論が沸騰したのは、単一の民主共和国かそれとも連邦制国家かという革命後のロシアの国家体制をめぐる問題であった。ベフブーディーは、第一次世界大戦の末期、神経性の病気が重くなってほとんど活動できない状態にあったが、二月革命とともに生気と気力を取り戻してこの大会に出席している。彼はヴァリドフの提起した連邦案をたじろぐことなく支持し、臨時政府委員会のメンバーらが主張する単一国家論に反駁し、雄弁な語りで参加者たちを説得した。その結果、連邦案が採択され、ムスリムの政治組織としてはトルキスタン・ムスリム中央協議会を創設し、その下に各州、郡、都市の協議会を置くことで合意がえられた。この中央協議会の綱領や大会資料をわずかな時間で書き上げたのは、ドゥーマでの仕事で政治の実務に通じていたヴァリドフであった。彼によれば、参加者の九割はロシア語を知らなかったという。

二月革命はロシア・ムスリム地域の各地でストルイピンの▲「反動」以来沈滞していた政治運動の活性化をもたらし、五月各地の指導者たちはモスクワでの全ロシア・ムスリム大会に参集した。ヴァリドフもトルキスタン代表の一員として出席する。そこで激論が交わされたのは、やはり新しいロシアの国家体制の問題であった。ロシアの各地に散居していたタタール人を中心とする中央集

▼**ピョートル・ストルイピン**（一八六二〜一九一一）　ロシアの政治家。一九〇五年革命後に内相ついで首相となり、秩序を維持するために厳格な方策をとる一方で、幅広い改革を断行した。彼の進めた農業改革は結果としてトルキスタンへの農業移民の増大をもたらし、また彼が主宰した「ムスリム問題に関する協議会」は、ロシアとオスマン帝国にまたがる汎イスラーム主義と汎テュルク主義の脅威を確認し、その摘発が各地で進められた。キエフでの観劇中に暗殺。

「ようこそ自由」と臨時政府への支持を表明するサマルカンドのムスリムたち(一九一七年三月十日)

権派は、単一の民主的な共和国を想定し、国民は宗教や民族の別なく平等な権利を与えられ、各民族は教育や宗教、言語などの文化的な領域で自治を享受すればよいと主張したのに対して、自分たちが多数を占める民族的な地域を有するアゼルバイジャン人やトルキスタン人、カザフ人らの連邦派は、領域自治に基づいたゆるやかな連邦制のロシアを主張した。投票の結果、中央集権派二七一票に対して、連邦派は四四六票を獲得し、領域自治と連邦制の流れが加速することになった。

大会は社会改革についても前向きであった。土地改革と農民への土地の分与、男女の政治的な権利の平等、八時間労働制などを決議したことは、同時代のイスラーム世界では画期的であり、女性参政権に至ってはアメリカ合衆国の先を行くものであった。その一方で注目されるのは、セミレチエ州代表の報告であった。それは「ロシアで革命が勃発して自由が宣言されると「中国領の新疆に避難していた」多くのクルグズとカザフは、いまやかつての抑圧は終わり、解放のときが訪れたと判断し、故郷への帰還を開始した。自由の太陽に大いなる期待をいだき、かつての平安がもどってくるものと考えていたのでる。しかし、彼らの期待はみごとに裏切られた。彼らを出迎えたのは「武装したロシア人移民たちの」小銃と矢であった」と述べていた。大会は、臨時政府とペトログラード労兵ソヴィエトに抗議と支援要請の電報を打電するが、クルグズ・カザフ遊牧民の境遇が変わることはなかった。

トルキスタン自治への流れはできつつあったが、ムスリムはなお統一に欠けていた。七月にはムスリム保守派がウラマー協会を結成し、隠然たる勢力を誇示していた。このころ、フィトラトは新聞『フッリヤト（自由）』に寄せた論説「団結せん」でこう書いている。

　中国やインド、さらにはアフリカにおいても祖国のために努力を惜しまぬ団体は数多く、そこには連帯と統一の意志がある。しかし、トルキスタンのムスリムの間にこれはない。ウラマーとジャディード、ジャディードとバイ（有産者、資産家）、バイと大衆、これらいずれの間にも不和と反目があるのみだ。帝政はこのようなムスリム間の反目を増幅させることによって、その統治を実現したのである。帝政は倒れ、公正な政府が生まれたが、旧体制を支えたムスリムの不和と対立という黒い要塞はいまも健在である。

▼**ウラマー協会**　イスラーム協議会から分立したムスリム保守派の政治組織。ロシア式の教育を受けた元通訳官のシェルアリ・ラーピンが代表を務め、機関誌『アル・イザーフ（解説）』を刊行、一九一八年五月「勤労大衆の利益にそぐわない」としてソヴィエト政権によって解散させられた。

▼**『フッリヤト』**　二月革命後の一九一七年四月からフィトラトやベフブーディーらによってサマルカンドで刊行されていた「週に二回刊行される政治、文学、経済、学術新聞」。一九一八年に八七号をもって停刊。

トルキスタンのムスリムよ、帝政の抑圧を忘れたのか？一九一六年蜂起の悲劇を思い起こせ。今やあらゆる民族に自由を約束した新しいロシア政府のもと、私的な反目や階級の違いを乗り越えて統一しようではないか。

同じころ、ヴァリドフもムスリム中央協議会の機関紙『ケンガシュ（協議会）』▲に「連帯せざる民族は絶滅を免れず」と題する論説を寄せ、「統一こそ力」と強調していた。さらに彼はサマルカンドでベフブーディーやハムザらとともに、ムスリム労働者をロシア人の組織ではなく、民族運動の側に組み入れるために、ムスリム労働組合の結成も試みていた。しかし、八月のタシュケント市議会選挙は、この時点での政治勢力の強弱を如実に示すことになった。議席数は、ウラマー協会六二、社会革命党二三、イスラーム協議会一一、社会民主党五などとなった。ウラマー協会の力は絶大であり、またスラブ系農業移民の支持をえる社会革命党は、鉄道労働者をおもな支持母体とする社会民主党にはるかに勝っていたことがわかる。ウラマー協会は、あえて表には立たずに立憲民主党右派のロシア人を市長に選び、ロシア人右翼と提携しながらイスラーム協議会を威圧していくことになる。ジャディード知識人の影響力はなお限られて

▼『ケンガシュ』　タシュケントで最初はヴァリドフ、ついでムナッヴァル・カリの編集で二〇号まで刊行。

いたのである。

それでもベフブーディーは年来のトルキスタン自治構想を連邦制のロシアにおいて実現するために、新しい党組織の結成に尽力する。彼の名前はテュルク連邦主義者党の綱領起草者の中に見える。この綱領は前記の建白書の原則を継承しつつ、自治権の内容を明確に打ち出しており、防衛と通貨、関税、外交などについては中央政府の役割を認めつつ、自治領域内の行政、財政、立法、文化、宗務については独立した権限を認めている。議員および行政の役職者は普通選挙によって選ばれ、二〇歳以上の成人には男女、階級、宗教・宗派の別なく選挙・被選挙権を与えると規定している。ただし、イスラーム保守派への配慮であろう、ムスリム女性の選挙権はイスラーム法の定めによると留保がつけられている。また、イスラームの宗務については全ロシア的な評議会を設ける一方、中等・高等教育においては共通テュルク語を教授言語とすることを定め、テュルク・イスラーム的な一体性を志向しているところに特徴がある。ベフブーディーは、このようなトルキスタン・ムスリム自前の政党の結成をめざしていたのである。九月に開かれた第二回トルキスタン・ムスリム大会では、全ロシア規模での憲法制定会議選挙に向けて準備することを決議する。このころヴァリドフは所を変えてバシクルト人の自治運動を指導していた。ただし、彼は人口規模の小さなバシクルト人▲が単独で自治を実現するのは困難であり、同じテュルク系ムスリムのカザフ人やトルキスタン人との連帯が不可欠と考えていた。

▼**バシクルト人の人口規模**　この時期の人口は、ロシア人やタタール人との混住という実態もあって定かではない。ヴァリドフの回想録によれば、一九一七年に自治領域の人口は一二五万九〇五九人、そのうちムスリムは七二%であったという。

十月革命とトルキスタン自治政府

大戦による疲弊と秩序の解体が深刻化した一九一七年十月、首都ではボリシェヴィキがケレンスキーの臨時政府を打倒し、レーニンを首班とする革命政権が成立する。ケレンスキーとボリシェヴィキ双方の軍事衝突が起こり、革命の帰趨がどうなるかまだ不明ななか、フィトラトは十一月初め編集長を務める新聞『フッリヤト』で次のように書いている。

早計にいずれか一方を支持することは、われわれのためにはならない。ロシアに専制の支持勢力が出現しないかぎり、ムスリムがその力を費やすことは誤りである。「われわれムスリムは、あなたがたのいずれをも嫌悪せず、またいずれか一方を支持するものでもない。われわれの民族的な権利を奪おうとしないかぎり、われわれはあなたがたのいずれにも敵対はしない」。現在トルキスタン人がとるべきは、この道である。

ロシア革命の劇的な展開を見守りながら、彼はまず中立の立場を表明したが、事態は急速に進展してゆく。

ケレンスキーの軍事的な抵抗を打ち破ったレーニンは次々と施策を打ち出す。スターリン▲との連名で出したアピール「ロシアと東方の全ムスリム勤労者へ」は、ソヴィエト政権のムスリム諸民族に対する姿勢を明らかにしていた。

ロシアのムスリム、ヴォルガ沿岸とクリミアのタタール人、シベリアとトルキスタンのキルギズ人▲とサルト人、ザカフカースのチェチェン人と山岳人、そのモスクが破壊され、その信仰と慣行をロシアのツァーリと抑圧者によって踏みにじられたすべてのムスリム諸君！いまや諸君の信仰と慣行、民族、文化的な制度は自由にして不可侵と宣言する。みずからの民族生活を自由かつ支障なく営みたまえ。諸君はこの権利をもっているのだ。諸君の権利は、ロシアのあらゆる民族の権利と同じく、革命とその機関、すな

▼ヨシフ・スターリン（一八七八〜一九五三）　ロシア革命の指導者。十月革命後のソヴィエト政府では民族問題担当の人民委員となったが、彼のいう民族自決とは各民族のなかのプロレタリアートの自決であった。一九二二年に共産党書記長となり、レーニン後の党内闘争に勝利して独裁的な権力をふるった。彼の発動したテロルによって中央アジアでも党員を含む知識人の大半と「富農」とされた人々が粛清された。

▼キルギズ人　帝政期から革命後の一九二五年までロシア人は、現在のカザフ人とクルグズ人を区別することなくキルギズ人と呼んだ。

わち労働者と兵士、農民代表ソヴィエトの全力によって保護されていることを承知されたい。

生まれたばかりのソヴィエト政権にとって、人口の一割以上を占めるムスリム諸民族の支持をえることは重要な意味をもっていた。しかし、首都の革命に呼応してタシュケントに成立した初期のソヴィエト政権は、帝政期と変わらずロシア人ら来住者たちの政権であり、現地のムスリムがこれに参画する道は閉ざされていた。ソヴィエト大会のある決議は、これを次のように説明している。

現時点で革命的な最高権力機関にムスリムを起用することは受け入れがたい。兵士、労働者、農民代表の権力に対する現地住民の態度ははっきりせず、かつ現地民の中にはその代表が最高権力機構に迎えられるプロレタリアートの階級組織が欠如しているからである。

このような政権がトルキスタン自治運動と対立するのは避けられなかった。ムスリム諸勢力はボリシェヴィキの単独政権に対抗し、コーカンドで開催された第四回臨時トルキスタン・ムスリム大会は、十一月二十七日「民主的なロシア連邦共和国の枠内」におけるトルキスタンの領域自治を宣言する。在住ロシ

第四回臨時トルキスタン・ムスリム大会の代議員たち

یاشاسون ترکستان مختاریتی!

トルキスタンの自治宣言を告知する文書

▼**ムハメドジャン・トゥヌシュバエフ**(一八七九〜一九三七)　サンクト・ペテルブルク交通技師大学を卒業、第二ドゥーマ議員に選出、二月革命後トルキスタン委員会のメンバーとして一九一六年蜂起後の民族間関係の修復に尽力した。トルキスタン自治政府の首班を辞したあともカザフ人の自治運動に参画し、ソヴィエト政権のもとではトルキスタンとシベリアを結ぶ鉄道の建設に貢献したが、スターリン時代の粛清で命を絶たれた。

ア人やユダヤ人の代表も出席した大会の決定は、ムスリム中心主義に陥ることはなかった。臨時の議会に相当する協議会メンバー(五四名)の三分の一はヨーロッパ系住民に割り当てられており、人口比をはるかに上回っていた。臨時政府の首班と外務担当は、いずれもロシアの高等教育を受けたカザフ人のトゥヌシュバエフ▲とチョカエフ(後に首班)であった。この大会でも幹事役を務めたベフブーディーは、さっそく自治政府の詳報を『フッリヤト』に寄せた。「トルキスタン自治万歳」のメッセージを掲げた同紙で一九一八年一月、フィトラトはこう書いている。

　わがトルキスタンは、アッバース朝の滅亡後に偉大なイスラーム文明を築いたテュルク人の発祥の地であり、ティムールとウルグベク時代のサマルカンドは、プラトン時代のアテネ、帝国時代のローマ、アッバース朝期のバグダードに優るとも劣らぬ繁栄を享受した。しかし、成熟した文明はやがて文明の病に冒され、トルキスタンの国家は衰退と分裂とに陥った。ロシアがトルキスタンを征服したのはまさにそのときのことである。それとともに、トルキスタンのテュルク人は、先進的なロシア人を通してロシア

『フッリヤト』の題字　刊行年月日の下の欄に「トルキスタン自治万歳」とある。

とヨーロッパの文明を学ぶ機会をえた。しかし、ついて学ぶべきロシアの社会主義者や博愛主義者は、専制の抑圧にさらされ、われわれに感化を及ぼすことはできなかった。われわれが見たロシア人とは、民族主義者、資本家、聖職者、そしてその守護者たる帝政の吏僚であった。彼らの支配下でトルキスタン人は、その経済的・文化的な発展を阻害され、開明的なタタール人同胞の教育活動も妨害された。過去五〇年、トルキスタン人の権利は、あらゆる面で異邦人たるロシア人とアルメニア人の下位に置かれ、ブハラとヒヴァの主権は侵害されてきたのである。しかし、トルキスタンはついに自治を宣言した。それは連邦制のロシア共和国の中にとどまり、かつ少数民族の権利を擁護することをうたっている。しかるになぜだろうか。いまや権力の座についている正義の士、ボリシェヴィキがこれを認めないとは！

フィトラトはこのように自治政府の歴史的な正当性を主張し、詩人チョルパンは「自由なテュルクの祝祭」を書いて人々を鼓舞した。「テュルクの揺籃トルキスタン／その地は黄金、その山は血／その子らは勇者／祖国のために命

破壊されたコーカンド

▼シルムハンマド・ベク(一八九三〜一九七〇)　フェルガナ地方で反ソヴィエト武装闘争を指揮した有力なコルバシ(司令官)で、一九二〇年五月には総司令官(アミール・アル＝ムスリミーン)に選出され、独立トルキスタン臨時政府の樹立を宣言した。二三年春国外に退去したあと、アフガニスタンで祖国解放の地下運動を

を捧げる」と。しかし、タシュケントのボリシェヴィキからすれば、この自治政府は階級的な基盤をもたない「ブルジョワ民族主義者」の政府にほかならなかった。たしかな軍事力をもたず、組織・財政的な基盤も欠いていた自治政府は、生まれてまもない一九一八年二月、赤衛隊とアルメニア人部隊の攻撃を受けて打倒される。このときアルメニア人部隊の扇動で始まった略奪と殺戮は、コーカンドの市街を廃墟と変えた。これ以降、トルキスタンでもっとも人口が密なフェルガナ地方には武装した反ソヴィエト抵抗運動が組織されることになる。そのなかには一九一六年に動員された経験をもつシルムハンマド・ベク▲のような人物もおり、ロシア農民の反乱勢力と共闘する場合もあった。ソヴィエト政権は、革命後の秩序解体のなかで現れた匪賊《ひぞく》集団も合わせて、彼らを「バスマチ(野盗・襲撃者)」と呼んだ。戦闘は長期にわたり、ソヴィエト政権の戦時共産主義とバスマチ勢力、双方からの食料や物資の徴発は民衆の生活を極度に悪化させることになる。

革命は錯誤と矛盾を生んでいた。青年ブハラ人の指導者ファイズッラ・ホジャエフは、十月革命を受けて大胆にもソヴィエト政権と共同してアミール政権おこなって逮捕され(一九四三～四五年)、一九五九年トルコに渡った。回想録を残している。

に対する武装クーデタを企て、フィトラトはクーデタ後の改革草案を書く。ソヴィエト政権から見ても、ブハラが反革命の温床となることは明らかであった。しかし、力を過信した一九一八年三月の武装クーデタは完全な失敗に終わり、ソヴィエト政権はブハラの内政への不干渉を認めざるをえなかった。敗残の青年ブハラ人はトルキスタンの諸都市に身を寄せるほかなかったが、コーカンド自治政府を打倒したばかりのソヴィエト政権と手を組んだことは、トルキスタン人の批判を買った。全体の情勢も悪化していた。革命直後から始まった内戦は、トルキスタンとロシア内地を結ぶ鉄道線を各地で破壊し、食料供給の道を閉ざしていた。経済は大きな打撃を受け、一九一五年から一九二〇年の間にトルキスタンの耕作地は半減し、家畜は七五％、人口も三〇・五％の減少をみたという数字もある。

トルキスタン自治政府が打倒されたあと、ベフブーディーはサマルカンドのムスリム労働者ソヴィエトの教育部門で働き、この間もムフティーとして公正な法判断をくだしていたと伝えられる。そして一九一九年三月二十五日、二人の同行者とともににわかにサマルカンドを出発し、ブハラ領内にはいった。し

▼**カルシ**　現ウズベキスタン中南部カシュカダリヤ州の州都。市名はかつてチャガタイ・ハン国の君主ケベクがここに宮殿(カルシ)を立てたことに由来する。なお、カルシはモンゴル人がウイグル人から借用した言葉。ウズベク共和国期の一九二六〜三七年は追悼と敬意の意味をこめてベフブーディー市と呼ばれた。

かし、カルシ▲でアミール配下の者に捕えられ、拷問の末に殺害された。旅の目的は巡礼とも、イラン方面から革命への干渉を試みていたイギリスとの交渉とも、また折からのヴェルサイユ講和会議に合わせて国際社会にトルキスタンの実情を訴えるためともいわれるが確証はない。翌年フィトラトはほかのジャディード知識人とともにベフブーディーの死を悼む詩を書いている。その後半部には次のようにある。

暴君の玉座をゆるがす声が
叫んだ
わが師の墓をどこに隠したのか
はやく言え
汚れた王冠は勇ましき声にひどくおびえた
びくっと震え・・・・隠れた
一言も答えずに

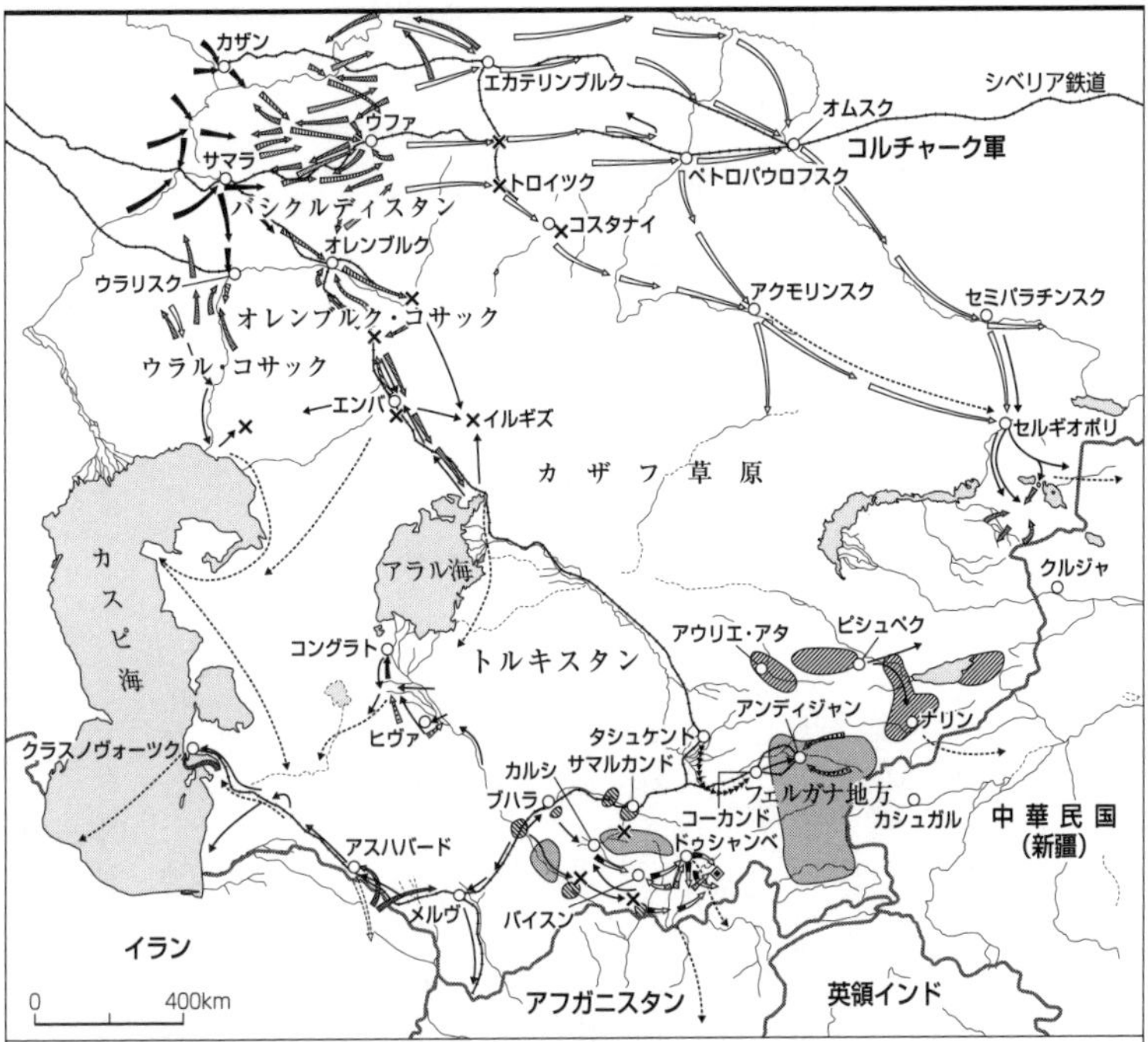

東部戦線および中央アジアにおける赤軍の攻勢

- 1918年9-11月
- 1918年12月-1919年2月
- 1918年4-6月
- 東部戦線における赤軍の総攻撃
- 白軍の攻勢
- 対トルキスタン自治政府作戦
- 赤軍の作戦 (1919-20)
- 赤軍の対バスマチ作戦 (1921-20)
- × 赤軍が制圧した拠点
- 白軍の撤退 (1920)，南部ではバスマチ勢力の退路
- イギリス干渉軍 (1918.8)
- イギリス軍の撤退 (1919.3)
- バスマチの主要活動地域 (1918-22)
- ロシア農民の反乱地域
- 赤軍守備隊
- バスマチ勢力の攻勢
- 東部ブハラでのバスマチの攻勢 (1918-22)
- ◈ エンヴェル・パシャの戦没地

＊Y.Bregel, *An Historical Atlas of Central Asia*, Leiden : Brill, 2003 の地図をもとに著者作成。

内戦期の情勢

トルキスタン・ムスリム・ビューロー

二月革命後アウリエ・アタにいたルスクロフは、貧しいカザフ遊牧民から一九一六年蜂起の賠償金を徴収し、彼らの虐殺もいとわない臨時政府委員会や入植者たちとの闘いを続けるうちにボリシェヴィキ組織との関係を深め、みずからも入党することになった。彼は革命派のカザフ青年団を率いて遊牧村やバザールを回って組織・宣伝活動を展開し、十月革命後にはアウリエ・アタ郡の指導者となった。これは現地のムスリム出身の党員としては先駆的な事例であった。その後も、入植者を組織してボリシェヴィキに敵対する左翼エスエルの武装解除や蜂起の際に没収された土地の遊牧民への返還で実績をあげた彼は、一九一八年半ば以降、トルキスタン自治ソヴィエト共和国▲の人民委員会議（保健衛生大臣）ならびに同ソヴィエト中央執行委員会メンバーに抜擢される。このころの重要な任務は、内戦による飢餓に苦しむ人々の救済であった。各地に設けられた給食センターで支援を受けた人々の数は、一九一八年でのべ三〇〇万人、翌年の最初の五カ月で二五〇〇万人に上ったという。このような救済事業は、ソヴィエト政権と現地民との間の大きな隔たりをうめる上で重要な意味を

▼**トルキスタン自治ソヴィエト共和国**　正式名称は、トルキスタン自治ソヴィエト社会主義共和国。一九一八年四月三十日、帝政ロシア領のトルキスタンに成立した最初のソヴィエト共和国でロシア共和国に帰属。植民地の遺制が強く残るなかで内戦が繰り広げられる一方、しだいに社会主義的な改造が進展し、一九二四年の民族・共和国境界画定で解体、代わってウズベキスタン、トルクメニスタンなどのソヴィエト共和国が成立した。

もっていた。

　たしかに、トルキスタンに成立した初期のソヴィエト政権は、現地のムスリム住民の間に支持基盤をもたず、軍事力を背景に食料や物資、家畜の徴発を行い、入植者の権益を優先する政策は、一九一六年蜂起に起因する民族的な反目と相乗して現地民の反感を招いていた。バスマチ勢力が拡大した要因もここにあり、トルキスタン情勢の悪化を懸念したレーニン指揮下の共産党中央は、現地のムスリム知識人を共産党やソヴィエト機関に引き入れるとともに、ソヴィエト政権とムスリム民衆との接近をはかる政策をとるように指示を出した。こうした施策の一環として一九一九年三月にトルキスタン共産党ムスリム・ビューローが創設される。それはモスクワのムスリム組織中央ビューロー（議長はスルタンガリエフ▲）とトルキスタン共産党地方委員会に両属しながら、ムスリム・コムニストの組織化とムスリム住民に対する情宣・組織活動、現地語による社会主義文献・定期刊行物の発行・普及をおもな任務とした。こうした施策の導入とともに、ジャディード知識人は教育や文化・啓蒙活動にあたるようになる。フィトラトが文学結社「チャガタイ談話会」を立ち上げるのもこのころ

▼ミルサイト・スルタンガリエフ（一八九二〜一九四〇）　タタール人の指導的共産主義者。十月革命後スターリンに抜擢されて民族問題人民委員部参与会員、『民族生活』紙編集長などの要職を歴任し、ムスリム・コムニストを統括する立場にあった。イスラーム世界をはじめとする東方の革命の独自性を主張したが、「民族主義的偏向」を理由に党を除名、逮捕され、最後は処刑された。

▼共通テュルク語　ガスプリンスキーが唱導した共通テュルク語は、クリミア・タタール語とオスマン語を基礎にした平易な文章語であった。ロシア領内のムスリム知識人の間には一定の普及をみたが、やがて幅広い読者を想定して個々の民族の口語に近い文章語をつくる動きが強まると、そのユートピア性があらわとなった。フィトラトらの活動は、現代ウズベク語への道を開くことになる。

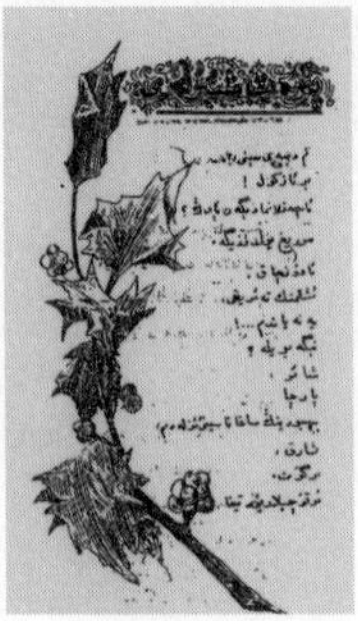

『ウズベク青年詩人作品集』フィトラトの章の冒頭　改革アラビア文字による表記。

であった。それは、共通テュルク語▲の構想とは決別してトルキスタンのテュルク語文章語の確立をめざし、若い詩人や作家の育成に努めた。革命は、彼らの創作意欲を刺激したかのようであり、多くの清新な作品が登場した。

このころ、フィトラトは『東方問題』と題する政治的な論説を書く。それはイスラーム文明の栄光と衰退、ヨーロッパ帝国主義の植民地と化したイスラーム世界の惨状、第一次世界大戦後の「東方」をめぐる国際関係、そして解放の条件としての「東方の統一」とソヴィエト・ロシアとの共闘の意義を論じている。彼はいう。東方の統一には指導者を必要とする。それは誰か。日本ではない。日本は近い将来における東方の統一を信じてはおらず、イギリスを敵に回す危険を冒してまでも、これを引き受ける意思はない。東方の統一を実現しようる勢力、それはソヴィエト政権をおいてほかはあるまい。しかし、ソヴィエト政権はまだ東方の信頼をえるには至っていない。思うに、欧米の帝国主義者と単独で戦うことはできないとすれば、ソヴィエト政権は東方と共闘しなればならない。欧米の労働者が決然とした行動を示していないのに対して、東方はすでに答えを出している。ソヴィエト・ロシアは、ここで明確な軌道を敷かなければならない、と。

さて、創設と同時にムスリム・ビューローの議長に任命されたルスクロフは、精力的な活動を展開する。その努力は、植民地統治の遺制(とりわけ特権を享受する入植者)を取り除き、現地のムスリムがトルキスタンの党と共和国の主導権を握ること、飢餓に苦しむ住民を救済すること、そしてバスマチ勢力の帰順をうながすことに向けられた。一九二〇年一月トルキスタン共和国中央執行委員会議長に選ばれた彼が、第三回地方ムスリム共産主義組織協議会と第五回トルキスタン共産党地方協議会で行った報告の要旨には次のように記されている。

われわれの党の最重要の課題の一つは、抑圧された民族にわれわれがどのように対するかである。トルキスタンの党組織は、この東方におけるプロレタリアート党が直面する課題をしかるべく理解していなかった。トルキスタンはソヴィエト国家建設という意味であらゆる隣接諸国の手本となるべきであった。

トルキスタンは東方への道の結節点であり、ゆえに民族問題はわれわれにとって枢要の意味をもつ。帝政時代に使われた植民地化のシステムを除

去しなければならない。（中略）

東方はヨーロッパ帝国主義の基盤であり、その工業にとっては原料と製品の貯水池である。

われわれが東方における理想を実現しようとするならば、われわれは現地民の信頼を獲得しなければならない。しかるに、セミレチエ、フェルガナ、そのほかの州におけるソヴィエト政権の行為は、民族搾取の恥ずべき様相を呈している。これには決然と終止符を打たねばならない。

このままでは立ちゆかない。ムスリム大衆を先導することのできる単一の党を組織しなければならない。

ここからはルスクロフとその同志たちが、ソヴィエト政権の誤り、すなわち植民地主義的な搾取をただし、トルキスタンを東方の革命の起点とするために新しい党組織を構想していたことがわかる。それは事実上ムスリム・ビューローを中核とした党組織の再編であり、青年ブハラ人やトルコ共産党などトルキスタンに所在する「外国の党組織」も統合する自立性の高い党であった。同じ協議会で彼らが提起したのは、党と国家の名称を「トルキスタン・テュルク諸

▼**ミハイル・フルンゼ**（一八八五～一九二五）　ロシア革命と内戦期に赤軍を率いていくつもの前線を転戦した共産党員で、その功績により一九二五年トロツキーに代わって軍事人民委員に任命された。トルキスタン東北部のセミレチエ州ピシュケクの出身で、のちにキルギス共和国の首都となったこの都市は、ソ連時代を通じてフルンゼと呼ばれた（現在はクルグズ共和国の首都ビシュケク）。

民族共産党」および「テュルク・ソヴィエト共和国」に改めるという案であった。彼らによれば「トルキスタン共和国は民族的なソヴィエト共和国であり、そこで民族自決をおこなうのは原住のテュルク民族」なのであった。「ロシア人、ユダヤ人、アルメニア人など残りの民族は、後から来住した民族」とみなされた。さらにこの共和国にはいずれブハラ、ヒヴァ、バシクルディスタンなどの国々も加わることが想定されていた。両協議会はルスクロフの提案を承認、決議したが、モスクワから派遣されてきた全権代表のトルキスタン委員会、とりわけバスマチ勢力と戦うトルキスタン方面軍司令官でもあったフルンゼ▲は、ムスリム・ビューローの決議を「狭隘《きょうあい》な小ブルジョワ民族主義」として、これを断固拒否した。彼はこうもいった。「トルキスタン中央執行委員会の失敗をすべてよそ者のせいにするルスクロフは間違っている。地方権力の弱さはすべて、その支えとなるべき組織されたプロレタリア大衆が欠けていることにある」と。双方の論争は決着を見ず、ルスクロフは問題の解決をモスクワでのレーニンとの直談判に委ねることにする。このとき彼はまだ二五歳の若さである。

東方の革命

このときヴァリドフはしばらく前からモスクワにいた。二月革命以後、彼の活動は内戦の展開にともなって波乱の連続であった。トルキスタンでのムスリム政治運動に関与したあと、彼は郷里に戻ってバシクルト人の自治運動を指導し、十月革命直後の一九一七年十一月にはロシアのムスリム地域では最初の自治宣言に導いている。しかし、小さな自治政府は激しい内戦に翻弄される。自治政府はボリシェヴィキにつぶされるが、一九一八年六月には反乱を起こしたチェコスロヴァキア軍団▲の支援で復活し、一時はコーカンドやカザフ草原のアラシュ・オルダ▲などの自治政府と連携するものの、一九一八年末にはコルチャーク▲提督指揮下の白軍勢力によって自治は解体された。活路を求めたヴァリドフは、一九一九年二月、それまで戦っていたソヴィエト政権の陣営につく。軍事革命委員会議長ヴァリドフ指揮下のバシキール軍▲(次頁用語解説参照)は、ソヴィエト政権にとっては貴重な戦力であり、その規律の良さは赤軍を指揮していたトロツキー▲(次頁用語解説参照)も認めたという。ソヴィエト政権はバシクルト人の民族自治を認める代わりに、その軍事力をえたともいえる。

▼チェコスロヴァキア軍団　大戦中にロシアで編成されたチェコ義勇軍とオーストリア軍捕虜からからなる約三万名の戦力は、十月革命後の内戦の帰趨を左右する存在となった。ヴァリドフは、一九二五年ヨーロッパからトルコに渡る際、プラハで旧軍団司令部のメンバーと再会して歓待を受けている。そのなかにはのちに大統領となるベネシュもいた。

▼アラシュ・オルダ　カザフ人の自治政府。一九〇五年革命以来カザフ社会の近代的な改革とスラブ系農民入植がもたらした土地問題の解決をめざしてきたカザフ知識人は、二月革命後に民族政党アラシュ(伝説上の始祖の名)を結成し、十月革命後には人民評議会アラシュ・オルダの創設を決議した。まもなくソヴィエト政権と不和に陥り白軍側についたが、抑圧を受けて一九一九年三月ソヴィエト政権側につき、翌年ソヴィエト政権のもとで消滅した。

▼アレクサンドル・コルチャーク　(一八七三〜一九二〇)　帝政ロシアの海軍提督。日露戦争では旅順で戦い、二月革命時には黒海艦隊司令官。

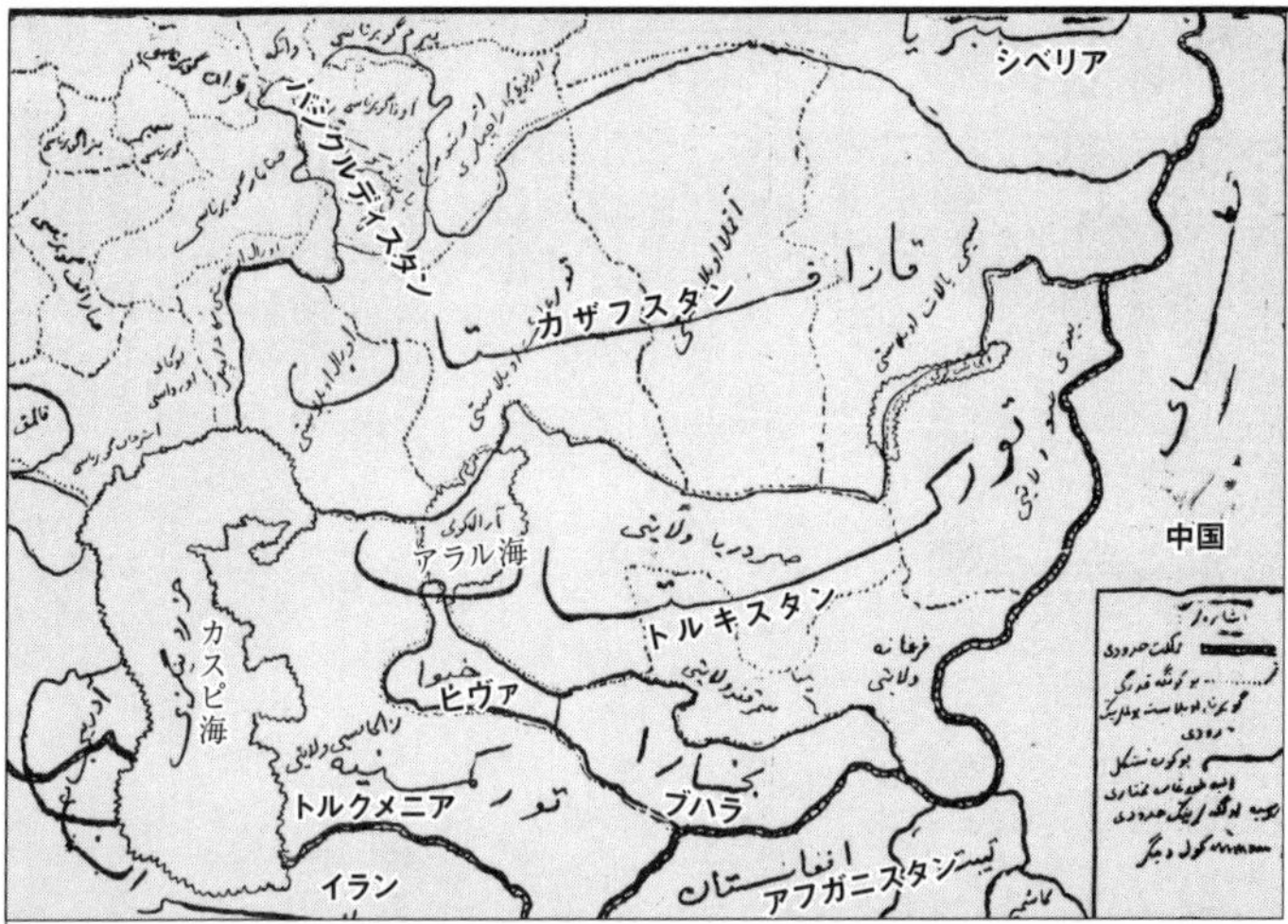

●一九一七年にヴァリドフらが構想していた「自治ムスリム諸国連合」の地図

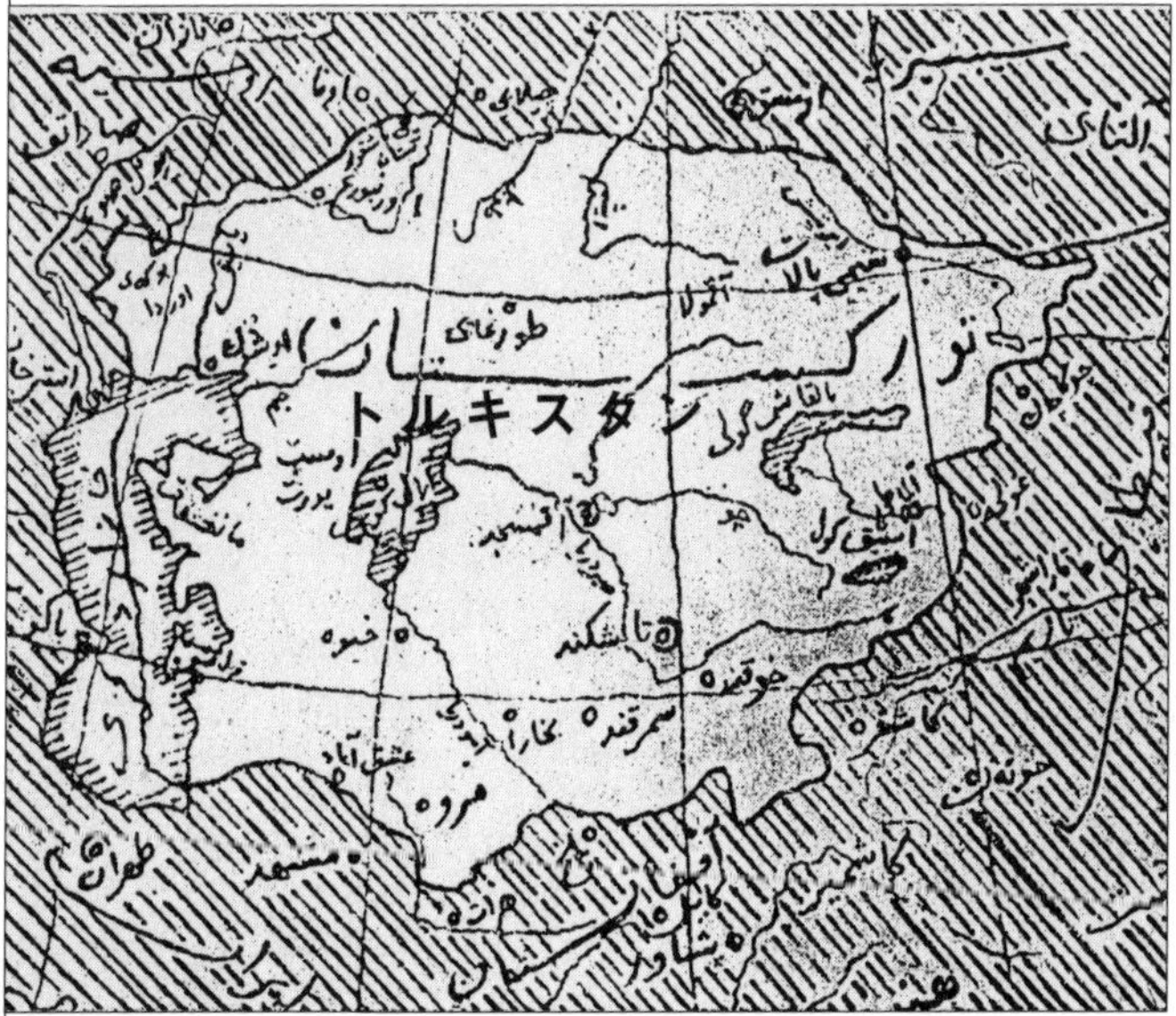

●一九二〇〜二二年に計画されたトルキスタン連邦構想
カザフ諸州とロシア領トルキスタンに西北部のバシクルディスタンを加えた広大な「トルキスタン」が構想されていた。

　ムスリム地域の事情に通じたヴァリドフは、しばしばレーニンから相談を求められることになった。『回想録』によれば、あるとき「独裁者だが暴君ではなかった」レーニンは、トルキスタンで採るべき政策についてヴァリドフに意見を求めた。そこで彼は、帝政支配の象徴であったタシュケントのカウフマン像の撤去、一九一六年蜂起の際に現地民から略取された土地の返還、人口比に応じた現地ムスリムの国家機関への登用、ムスリム部隊の編制、ルスクロフやスルタンガリエフを含むトルキスタン特別委員会の派遣などを献策した。レーニンはこれをよしとして指示を打電したが、現地のロシア人ボリシェヴィキは、カウフマン像の撤去以外、なにも実行しなかったという。レーニンはヴァリドフにかつてサムソーノフ将軍▲が所有していたというフィアット製の自動車を贈るほどの厚遇を与えたが、ヴァリドフは早くからレーニンの大ロシア主義を感知していたようである。彼はレーニンの胸の内を次のように推し量っている。

　君が私に出させた命令を実行するためにムスリム部隊を編成して現地のロシア人プロレタリアートを鎮圧せよとでもいうのかね。われわれの目的は君たちの独立国家を建ててやることではなく、ソヴィエト体制の実現にあ

▼バシキール軍　一九一九年九月ころの兵力（義勇兵）は、歩兵に騎兵・砲兵部隊を合わせて五、六〇〇〇名であった。しかし、この兵力はトロツキーの管轄下でペトログラード方面に送られたため、これをトルキスタン共和国の軍事力にしようとしていたヴァリドフとルスクロフの計画は実現しなかった。

▼レフ・トロツキー（一八七九〜一九四〇）　ロシア革命の指導者。一九〇五年革命ではペテルブルク・ソヴィエトの指導者、十月革命後は軍事人民委員などの要職を務めたが、レーニンが病気に倒れたあとスターリンと対立し、カザフスタンへの追放、国外追放の末、亡命先のメキシコで暗殺された。

レーニン

▼アレクサンドル・サムソーノフ（一八五九〜一九一四）　露土戦争、義和団戦争、日露戦争などに従軍し、トルキスタン総督（在任一九〇九〜一九一四）を務めたあと、第一次世界大戦で第二軍を率いて東部プロシアに侵攻したが、ドイツ軍に包囲殲滅された（タンネンベルクの戦い）。自殺をとげた。この戦いはソルジェニーツィンの小説『一九一四年八月』にも描かれている。

る。君たちが社会主義の理念にかなった知識人層と革命的な兵士たちを育成すればこの事業は実現するが、それには時間が必要だ。

さて一九二〇年五月、ルスクロフはトルキスタン共和国全権代表としてレーニンに報告書を提出し、自分たちの決議の正当性を主張する。まず、抑圧された東方の解放をめざすならば、その特殊性を考慮して労働者のみならず民族ブルジョワジーも参加する民族解放運動を支援すべきであり、赤軍を用いた直接的な干渉はふさわしくない。トルキスタンは東方の一部であり、その革命の成否はすべての東方諸民族が注視している。それは世界帝国主義との闘争において地理的にも戦略的にも重要な位置を占めており、イギリスが関心を示すのはそのためである。しかし、これまでのソヴィエト政権は現地のムスリム革命組織を信頼することなく植民地主義的な統治を継続し、赤軍もまた不純な分子に冒されてきた。革命は現地の勤労大衆の参加なくしてはありえない。こうした議論を展開したルスクロフは、共和国の全権力をトルキスタン方面軍の軍事革命委員会に与えるか、それとも憲法に従って全権力を現地の勤労大衆に与えるか、という二者択一を迫る。もちろん後者をとる彼が強調したのは、トルキスタンに強力なムスリム赤軍を創設することであった。報告には「トルキスタンの自治」という言葉もあらわれるが、ルスクロフは東方革命論とムスリム勤労大衆の権力を梃《てこ》にして、未完に終わったトルキスタン自治政府にはるかにまさる自治共和国を構想していたことがわかる。新しい党名と国名は、その表象であった。この報告の論旨は、先に見たフィトラトの『東方問題』にも通底している。実際ルスクロフとフィトラトは、このころタシュケントで意見を交わしていたことが確認されている。ちなみに彼はこの年、インドの独立をめざす愛国者を主人公とした戯曲『真実の愛』▲を発表する。

ルスクロフらの報告書を検討したレーニンは、彼らの案を拒絶する。端的にいえば、レーニンとロシア共産党中央委員会はルスクロフらの「民族主義的偏向」を容認しなかったのである。しかし、このときのトルキスタン問題の検討をふまえてレーニンが補正を加えた新しい方針は、トルキスタン委員会の権限に歯止めをかけるとともに、ロシア人入植者の特権や党内の不純分子を排除し、現地のムスリムを共産党やソヴィエト機関に登用することなどを打ち出しており、十月革命以来のトルキスタンにおけるいわば恣意的な統治を改める方向に

▼**『真実の愛』**　イギリス統治下のインド(デリー)を舞台に、愛国者の男女、詩人のヌリッディンと若いズレイハの愛と、彼女を奪おうとする裕福でイギリス留学経験のある青年ラフマトゥッラの奸計がからんで進行し、最後はイギリス官憲による愛国者たちの射殺・逮捕に終わる五幕からなる戯曲。タシュケントでの上演は好評を博したという。

▼アフメト・バイトゥルスノフ（一八七二〜一九三七）　カザフの知識人、政治家。カザフ人師範学校を卒業して教職につき、一九一三年新聞『カザク』を創刊するとともにカザフ文章語の確立に取り組み、革命後は自治政府アラシュ・オルダの活動に参画。ソヴィエト政権下ではカザフ自治共和国の設立準備にあたったが、スターリン時代に「反革命」の罪で抑圧され、命を落とした。

▼コミンテルン 一九一九年三月レーニンがモスクワに創設した国際共産主義組織。ロシア革命を世界革命に拡大し、列強の植民地での民族解放運動の革命化を目的とした。正式名称は共産主義インターナショナル。一九三五年以後は反ファシズムの人民戦線戦術をとり、第二次世界大戦中の四三年、連合国との共闘を進めるために解散した。

なっていることは事実である。ここで興味深いのは、トルキスタン問題に関するロシア共産党中央委員会決議案にレーニンが付したメモである。それは(一)ウズベキア、キルギジア(現在のカザフスタンに相当)、トルクメニアに区分された地図の作成を委託すること、(二)これら三部の分離と混交の状態をより詳細に明らかにすることの二項目からなっていた。レーニンは、その後まもなくトルキスタンを三部に分かつ件については、これを既定の前提とはしないようにという慎重な指示を出しているが、これが一九二四年に行われた民族別の共和国編成、すなわち民族・共和国境界確定に至る一つの伏線になったことは疑いがない。

　レーニンの拒否にあったとはいえ、ルスクロフの闘志は萎えてはいなかった。一九二〇年六月十六日、彼は同時期にモスクワにいたヴァリドフやカザフ人の民族運動アラシュ・オルダの指導者バイトゥルスノフらとともに、レーニンがコミンテルン第二回大会のために用意していた「民族・植民地問題に関するテーゼ」の草稿に対して意見書を寄せている。ヴァリドフの回想録によれば、これはレーニン自らの依頼であり、すみやかに書面で提出するように求められたという。この意見書は中央アジアの革命家たちの思いのたけを直截《ちょくせつ》に述べたものであり、彼らは植民地とされた東方の革命の矛盾に満ちた現実を訴えている。たとえば、彼らは、「汚れは汚れたものでぬぐうことはできない」というテュルクの格言を引用して次のように述べる。「まさしく植民者あるいは植民者に依拠した現地の権力で、現地の貧者を植民者への隷属から解放することはできない。これはすなわち、資本家の手によって労働者を解放させるに等しい」と。彼らまた汎イスラーム主義との闘争を強調するテーゼにも異議を唱えた。アブデュルハミト二世の夢想であった汎イスラーム主義は、ヨーロッパ帝国主義によって喧伝されたのであり、「人民大衆はもとよりブルジョワ民主主義の知識人の間ですらまったく現実的な基盤はもっていない」と指摘したうえで問いかける。なぜもっと強力な潮流である汎スラブ主義に言及しないのか、と。このテーゼでは東方の革命家の胸に響かないという彼らの率直な物言いは、同志レーニンの度量をはかってのことだろう。

ソヴィエト政権との決別

これより先、ヴァリドフは意気投合したルスクロフらとともに東方社会党を結成する構想をもっていた。それはトルキスタン、カザフスタン、バシクルディスタン、ブハラ、ヒヴァなどの共産党を結合するとともに、社会主義になじみのないジャディード知識人をも取り込めるような組織であった。しかし、このような組織がロシア共産党中央委員会の許可をえられることはなく、彼は一五カ月の間共同したボリシェヴィキと袂を分かつ決意を固める。こうして彼はモスクワを離れ、反ソヴィエト活動に従うためにトルキスタンに潜行する。最初の目標は、一九二〇年九月初めコミンテルンの主催によってアゼルバイジャンのバクーで開かれる東方諸民族大会▲の機会をとらえて秘密の組織活動をおこなうことであった。トルクメン人に変装してバクーをめざすヴァリドフは人気のない駅で貨車に乗り込み、客車に移ると「わが友」ルスクロフと再会する。ルスクロフはすでに抗議の意味をこめてトルキスタンにおけるすべての役職から退いていたが、旧ロシア帝国内のみならず、中国、インド、アフガニスタン、イラン、トルコ、日本などからの代表が集う会議は、彼にとってはかけがえの

▼**東方諸民族大会**　コミンテルン執行委員会は、東方の民族解放運動を指導して世界革命の戦略にのせることを意図していたが、実際に参集したアジアの革命家や民族主義者は、それぞれの自立性を主張し、トルキスタン代表はソヴィエト政権の植民地主義的な欠陥を批判して喝采を集めた。大会はこれが最初で最後となった。

ない機会であったにちがいない。

東方諸民族大会を密かに観察していたヴァリドフは、大会直後の九月十二日、レーニン、スターリン、トロツキー宛ての手紙を送っている。彼は自分に対する党中央委員会の態度は「さっさと失せろ」だろうと指摘したうえで、こう書いている。

大会はわが中央が東方に対していかに誤った観点に立っているか、見渡す限り農民のくにである東方について誤った理解をしているかを如実に示した。［中略］トルキスタンのソヴィエト権力はこれまで鉄道線に沿ったわずか五ヴェルスター▲に及ぶに過ぎず、［現地の］大衆とはいかなる関係ももっていなかったが、いまや現地民はこの五ヴェルスターの地帯からも離れつつある。われわれは中央がその政策の誤りと欺瞞《ぎまん》、頑迷《がんめい》を遅からず理解し、その是正に向けて進むことを確信している。［中略］そこで私の同志全員の名において求めたい。㈠われわれの同志の迫害、逮捕、銃殺をやめること、㈡オレンブルクとステルリタマクの監獄に収監されている者たちを釈放すること、㈢政策が変更された暁にはわれわれをソヴィエ

▼ヴェルスター　ロシアの距離単位、一ヴェルスターは一・〇六七キロ。

エンヴェル・パシャ

ブハラ・アミールの離宮「月星宮」

ト諸機関の責任ある地位につくにふさわしい献身的な要員とみなすこと、
(四)可能ならば、新しいブハラ・ソヴィエト共和国のソヴィエトおよび党組織へのわれわれの参画を許可し、この共和国においてわれわれの主張する原則の実現を許容すること。

ヴァリドフは、このわずかな和解の期待を込めた書簡のコピーをルスクロフとバイトゥルスノフに送ったが、中央からの返答はなかった。

一方、バクーの東方諸民族会議とまさに時を同じくしてブハラでは「人民革命」が起こっていた。「ブハラ人民に対する革命的、兄弟的な支援のために」侵攻したフルンゼ指揮下の赤軍は九月初めにアミール政権を打倒し、翌十月ファイズッラ・ホジャエフを首班とするブハラ人民ソヴィエト共和国が成立する。レーニンはこれを「東方における共産党とソヴィエト政権の民族政策の巨大な勝利」と評価したが、赤軍の介入は国内の各地に新たなバスマチ運動を呼び起こした。これは一九七九年にソ連軍のアフガニスタン侵攻がもたらした状況を想起させずにはおかない。バスマチの勢いは翌年トルキスタン解放の夢にかられた元オスマン帝国陸相エンヴェル・パシャが加わると最高潮に達し、ソヴィエト政権からの圧力とあいまって新生の共和国を窮地に陥れた。この間、トルキスタン民族連合という秘密組織の構築を進めていたヴァリドフは、アミールの離宮でファイズッラ・ホジャエフとの別離を交わしている。彼は、いまソヴィエト政権側に戻ればスターリンは君を許容するだろう、しかし君がバスマチ側につくならば、われわれは戦わなければならなくなる、といって涙を流したという。このとき彼はアミールが残していった白馬をヴァリドフのために手配している。一九二二年八月エンヴェル・パシャが赤軍との戦いで戦死したあと、ヴァリドフは一度ソヴィエト政権との和解を試みる。スターリンも中央アジア・ビューロー▲が提案した彼の条件付きの恩赦に「反対しない」と返信したが、和解は実現しなかった。ヴァリドフは、活動の場所をトルキスタンの外に求めることを決意し、病気療養中のレーニンのほか、多くの知友に別離の書簡を送る。

▼中央アジア・ビューロー トルキスタン委員会の任務を引き継ぐ形で一九二二年に創設された、ソ連共産党中央委員会の中央アジアにおける代表部。モスクワから派遣されたメンバーとルスクロフら現地のムスリム・コムニストの代表から構成されていた。一九三四年に解散。

④―三人のその後

主要なバスマチ勢力を制圧した後の一九二四年、ソヴィエト政権は民族・共和国境界画定という大事業を実現する。それは帝政期以来の境界に基づいていたトルキスタン、ブハラ、ホラズム▲の三つのソヴィエト共和国を解体し、中央アジア史上はじめて民族別の共和国を建設する、まさに「第二の革命」ともいえる画期的な政策であった。十月にはウズベク、トルクメンの両ソヴィエト社会主義共和国、翌年には旧トルキスタン北部のカザフ人地域がキルギズ自治共和国に編入されてカザフ自治共和国▲が成立し、順次ソ連邦に加盟してゆく。現代中央アジア諸国の原型をつくったこの重要な政策が進行しているころ、フィトラトはロシアに追放され、ルスクロフはコミンテルンの職務でモンゴルに着任しており、いずれもトルキスタンには不在であった。そして国外に去ったヴァリドフは、このようなソヴィエト政権の分断政策に対抗して、「トルキスタンと東テュルク人」の大義を掲げることになる。

▼ホラズム人民ソヴィエト共和国　一九二〇年二月赤軍の介入したソヴィエト革命でヒヴァ・ハン国が滅亡したあと、改革派の青年ヒヴァ人を指導部として成立。しかし、ウズベク・トルクメン間の民族対立とトルキスタン委員会の干渉に直面して政権は安定を欠き、一九二四年に解体された。

▼カザフ自治共和国　最初の首都はシル川下流域のクズルオルダ、一九二九年アルマ・アタ(現アルマトゥ)に遷都し、三六年にソ連邦を構成するカザフ・ソヴィエト社会主義共和国に昇格した。一九九一年のソ連解体後は、カザフスタン共和国。

礼拝を終えてモスクを出る留学生たち　ブハラのマドラサ生の服装をしている。一九二二年ベルリンにて。

フィトラト

　ブハラ革命後、フィトラトはファイズッラ・ホジャエフの推挙で共和国の外務および教育担当の人民委員を務めた。独立国家を自認する青年ブハラ人政府は、いち早くトルコおよびイランと国交を結び、一九二一年末には独立戦争を戦っていたトルコのアンカラ政府に使節団を派遣した。コーランの貴重な写本と栄誉の太刀を贈呈されたムスタファ・ケマルは、これをギリシア軍占領下のイズミールの解放に捧げることを約束する。そして、新生の共和国を支える人材の育成をめざすフィトラトは、課題を共有するトルキスタン自治ソヴィエト共和国の人民委員会議議長ルスクロフらと協議のうえ、ブハラおよびトルキスタンから有望な青年をドイツに留学させる計画を立ち上げる。これによって一九二二年から翌年にかけて七〇名をこえる男女の留学生がドイツに渡った。しかし、一九二三年ムスリム・コムニストの筆頭ともいうべきスルタンガリエフを「民族主義的偏向」として告発し、ルスクロフにも疑いをかけたスターリンの政策はブハラ共和国にもおよび、フィトラトは追放処分となる。モスクワとレニングラードで一時期を過ごしたフィトラトは、ここでテュルク学者サモイ

A キルギス(カザク)自治共和国(1920〜36年)
B トルキスタン自治共和国(1918〜24年)
C ホラズム人民ソヴィエト共和国(1920〜24年)
D ブハラ人民ソヴィエト共和国(1920〜24年)

●—民族・共和国境界画定

●—**ブハラ人民ソヴィエト共和国の首脳** 中央上が人民委員会議議長ファイズッラ・ホジャエフ、右下が外務人民委員フィトラト。

▲ロヴィチらと交友し、レニングラード大学からは言語・文学の教授称号を与えられた。以後、彼は中央アジアとりわけウズベクの言語・文学の研究と創作に取り組むことになる。

一九二五年に発表した論文「クタドゥグ・ビリグ」のなかで、彼は新たに発見された世界で第三の写本について「これは最初ゼキ・ヴァリドフが見たものだが、入手することはできなかった。いまわれわれが発見した『クタドゥグ・ビリグ』こそこの第三の写本なのである」と書いている。そして最後にこう指摘する。

これは歴史的にも言語的にもきわめてかつ有用な書物である。現存する写本を比較して欠損を補い、元の形に整え、意味の不明な語を解説して少部数でも刊行すること、少なくともサモイロヴィチ教授が準備されている校訂版をこの写本と校合して出版することに協力することは、ウズベク学術センター、ウズベク教育委員部のもっとも重要にして有益な任務である。

この方向での努力を期待したい。

一九二八年、フィトラトは『ウズベク文学精選』と題する雄編を発表する。

▼アレクサンドル・サモイロヴィチ（一八八〇〜一九三八）　テュルク学者。ペテルブルク大学東洋言語学部でバルトリドらについて学び、中央アジアのテュルク系言語・文学の領域で多大の研究業績を挙げた。ヴァリドフら中央アジアの知識人とも親交を結んだが、ソ連科学アカデミー東洋学研究所長のときに「日本のスパイ」などの罪状で逮捕、粛清された。

▼『テュルク諸語集成』　カラハン朝王族出身のマフムード・アル＝カ

これは古来の英雄叙事詩や説話のほか、突厥碑文から上記の『クタドゥグ・ビリグ』、カーシュガリーの『テュルク諸語集成』▲をへて、ティムール朝期に最盛期を迎えたチャガタイ文学(とりわけナヴァーイー▲とバーブル▲の作品)に至る中央アジアのテュルク語作品のアンソロジーである。ウズベクのシャイバーン朝支配期からジャディード文学をへて革命後の文学を扱う第二巻はついに日の目を見なかったが、この作品にはウズベク文学を中央アジアのテュルク語文学の本流に位置づけようとする編者の意図が明瞭にあらわれている。彼はこうした形で新しい民族、ウズベク人のアイデンティティの形成に取り組んでいたといえる。フィトラトはまたテュルク語の表記には適さない(多くの母音を表記することができない)アラビア文字の改革、さらにはラテン文字化、の推進者であった。ウズベク共和国では一九二七年、トルコ共和国の「文字革命」に先行してラテン文字へと移行する。

　フィトラトはこの記念碑的な作品のあとも文学、歴史研究に精進するが、プロレタリア文学批評家をはじめ、彼を「汎イスラーム主義者」、「汎テュルク主義者」などとして告発、追及する声は激しさを増していった。このころフィト

ーシュガリーが一〇七七年ころに完成し、バグダードのアッバース朝カリフに献呈したテュルク＝アラビア語辞典。序文には「テュルク語を学べ、なぜなら彼らの支配は長く続くから」というハディースが引用されている。

▼**ミール・アリーシール・ナヴァーイー**(一四四一～一五〇一)　チャガタイ文学の確立者で、傑出したテュルク語詩人。ヘラートのティムール朝君主スルタン・フサインに仕えた高官でもあった。ソ連時代からウズベク語・文学の祖とみなされ、現代のウズベキスタンでも国民的な偉人として顕彰されている。

▼**バーブル**(一四八三～一五三〇)　ティムールとチンギス・カン両家の血を引くティムール朝の王子として生まれ、ウズベク遊牧集団を率いるシャイバーニー・ハンに敗れてアフガニスタン、北インドに転進、ムガル朝を創建した。チャガタイ語の回想録『バーブル・ナーマ』を残している。日本語訳として間野英二訳『バーブル・ナーマ』(全三巻、平凡社、二〇一四年)。

ラトは弟子のイッゼト・スルタン▲にベフブーディーの死に関する自身の推理を語っている。それによればベフブーディーの情報をブハラの無知な役人に通報したのはソヴィエト秘密警察であった。それは青年ブハラ人のアミールに対する敵愾《てきがい》心をあおり、彼らを支援する形でブハラに侵攻してアミール政権を打倒し、ブハラをソヴィエト領に編入するためであったという。死の真相は不明だが、ここにはブハラ革命に対するフィトラトの解釈も反映されている。彼は一九三七年「反革命活動」の嫌疑で逮捕され、「民族連合」と称する反革命、民族主義組織への荷担で有罪とされた。彼がタシュケントでチョルパンやアブドゥッラ・カーディリー▲らのジャディード作家たちとともに銃殺されたのは、一九三八年十月四日のことである。

ルスクロフ

モスクワでレーニン以下の拒絶にあったルスクロフは、抗議の意思を込めてトルキスタン・ソヴィエト自治共和国における役職を自ら降り、多くのメンバーが彼に続いた。以後トルキスタンの行政と党の活動は、中央から派遣された

▼イッゼト・スルタン（一九一〇〜二〇〇一）　ソ連期のウズベク文学研究者、劇作家。タシュケント国立教育大学を卒業後、旺盛な創作、研究活動のかたわら、ウズベキスタン言語・文学研究所長、ウズベク作家同盟書記などを歴任。ウズベク科学アカデミー会員。

逮捕後のフィトラト

▼アブドゥッラ・カーディリー（一八九四〜一九三八）　ロシア語・現地語学校出身のジャディード作家。革命後はチャガタイ談話会に加わってウズベク新文学運動を担い、モスクワにも学んだ。代表作にコーカンド・ハン国末期を題材とした歴史小説『過ぎ去りし日々』（一九二六年）。

トルキスタン委員会が主導したが、はかばかしい成果をあげることはできなかった。そこで、党中央は一時アゼルバイジャンにいたルスクロフを一九二二年九月ふたたびトルキスタンの人民委員会議議長に任命する。ここで彼はおりからの新経済政策（ネップ）▲を運用して一九一六年蜂起以来、革命と内戦のなかで極度に荒廃していた経済の復興を進め、土地・水利改革を通して農民層をソヴィエト政権に引き込むことによって、フェルガナ地方やトルクメン地域のバスマチ勢力の投降と鎮圧に成果をあげた。この年、彼は『トルキスタンにおけるロシア共産党（ボ［ボリシェヴィキ］）ムスリム・ビューロー』と題する冊子を刊行する。これは地方協議会（一九一九～二〇年）における議論や決定をそのまま載せた史料集であり、ムスリム活動家が革命と党の組織化にどう取り組んだかを語っている。これはムスリム・コムニストにあからさまな不信感を示したトルキスタン委員会に対する反論とも読める。彼は現地民の積極的な登用を進めるとともに教育と文化の振興にも力を注ぎ、一九二三年にはドイツに派遣されていたトルキスタンの学生たちを訪ねて激励をしている。

　ルスクロフは有能にして献身的な仕事ぶりからロシア共産党中央委員会候補

▼新経済政策　一九二一年の第一〇回ロシア共産党大会で食糧徴発や国有化のような戦時共産主義を改めたことに始まり、農業や工業に市場メカニズムを導入した政策。革命と内戦で低下した生産力の復興に貢献したが、二九年以後の全面的農業集団化政策によって放棄された。

という高位につくが、彼に「民族主義的偏向」の兆候を認めるスターリンとの間には隔たりが生じる。一九二四年レーニンの葬儀に参列したルスクロフはそのまま中央委員会のもとにとめおかれ、同年十月にはコミンテルンの全権代表としてモンゴル人民革命党中央委員会の支援に派遣された。▲この間に彼は『革命とトルキスタンの現地民』(タシュケント、一九二五年)を刊行する。これは一九一七〜一九年間の党やソヴィエト機関の報告や決議などを収録した貴重な史料集であり、先の冊子と合わせて彼は革命史の実録を残すことに精魂を傾けていたことがわかる(第二部は未刊)。さらに一九一六年蜂起についても多数の資料を収集して経過と要因について詳細な考察を加え、その成果を『一九一六年における中央アジア現地民の蜂起』(クズルオルダ、一九二七年)として発表している。重要なのは、一九一六年の前線後方労働への動員令は、蜂起の契機となったにすぎず、その主な要因ではなかったという論点である。彼はこう強調する。

現地民を帝政の植民地的な専制に対する反乱に立ち上がらせたもっとも重要な要因には、もちろんずっと重大な根拠があった。それは要するに過去

▼**モンゴルでのルスクロフ**　外モンゴル滞在は一九二四年十月から九カ月の短期間であり、人民革命党指導部との軋轢も生じたが、第一回国会を開催させてモンゴル人民共和国の正式な成立を導き、中国革命の準備工作もおこなった。また、内モンゴルと新疆のモンゴル人を含めた「汎モンゴル主義」的な活動をおこなう一方、新疆のテュルク系ムスリムの運動への支援をコミンテルンに進言した。

ルスクロフと妻アズィーザ

▼フィリップ・ゴロシチョーキン（一八七六～一九四一）　ユダヤ系の古参ボリシェヴィキで、革命後にはニコライ二世一家の殺害を指揮、一九一九～二〇年にはトルキスタン委員会のメンバーを務め、ルスクロフとは対立した。最後は大テロルのなかで銃殺された。

五〇年間の帝政によるトルキスタンのとめどなき植民地的な搾取の結果として生まれた諸矛盾の極度の経済的、政治的な性格にあった。現地民はそのときまでに行政と耐えがたい圧制に対して集団的な行動に出るほかはない極限に達していたのである。

ルスクロフは同時代を生きた歴史家としての側面ももっていた。一九一六年蜂起は革命史の一部にほかならない。

一九二五年モンゴルから戻ったルスクロフは、共産党カザフ地方委員会に派遣され、スターリンから全権を委任されたゴロシチョーキン▲のもとで働くことになる。このときに手掛けた仕事の一つは、第一次五カ年計画の一環をなすトルキスタンとシベリアとを結ぶトルクシブ鉄道の建設であった。このとき彼はかつてトルキスタン自治政府の首班を務め、アラシュ・オルダの指導者でもあったトゥヌシュバエフを主任技師として登用する。こうした過去を持つ人物の抜擢は異例ともいえるが、この優れた鉄道技師は工費の削減に大いに貢献することになった。しかし、生産力の飛躍的な増大をめざすゴロシチョーキンのもとでは、カザフ人の遊牧・半遊牧社会を超工業化社会に一挙に飛躍させる必要を説くような論者もあらわれていた。ルスクロフは、このような施策をとればカザフ社会は壊滅的な被害をこうむることを予見して反論したが、まもなくロシア社会主義ソヴィエト共和国人民委員会議副議長(副首相)に任命される。それはソ連最大の共和国の要職であったが、カザフスタンはすぐれた指導者を失うことになった。

カザフスタンの最高指導者ゴロシチョーキンは一九二九年、全連邦規模で進められていた農業集団化の前提として遊牧民の定住化に着手した。机上の計画では定住化は三年間で完了するはずであったが、地域の実情を知らず性急におこなわれた政策は、遊牧民の反発を呼ぶとともに、一カ所に集められた家畜群には疫病が発生し、遊牧民の経営は破壊された。一七〇万人以上の遊牧民が住み慣れた土地を離れて流亡の身となり、流亡の者にも残った者にも飢餓が襲った。カザフ人の惨状を知ったルスクロフはソ連指導部を説得し、計画変更を認めないスターリンに一九三二〜三三年の間再三の書簡を送ってカザフ人の救済を訴える。「一連のカザフ人地区および移牧民における飢餓や疫病に起因する死亡率は、いまや中央諸機関が直ちに介入すべきほどの高さに達している。現

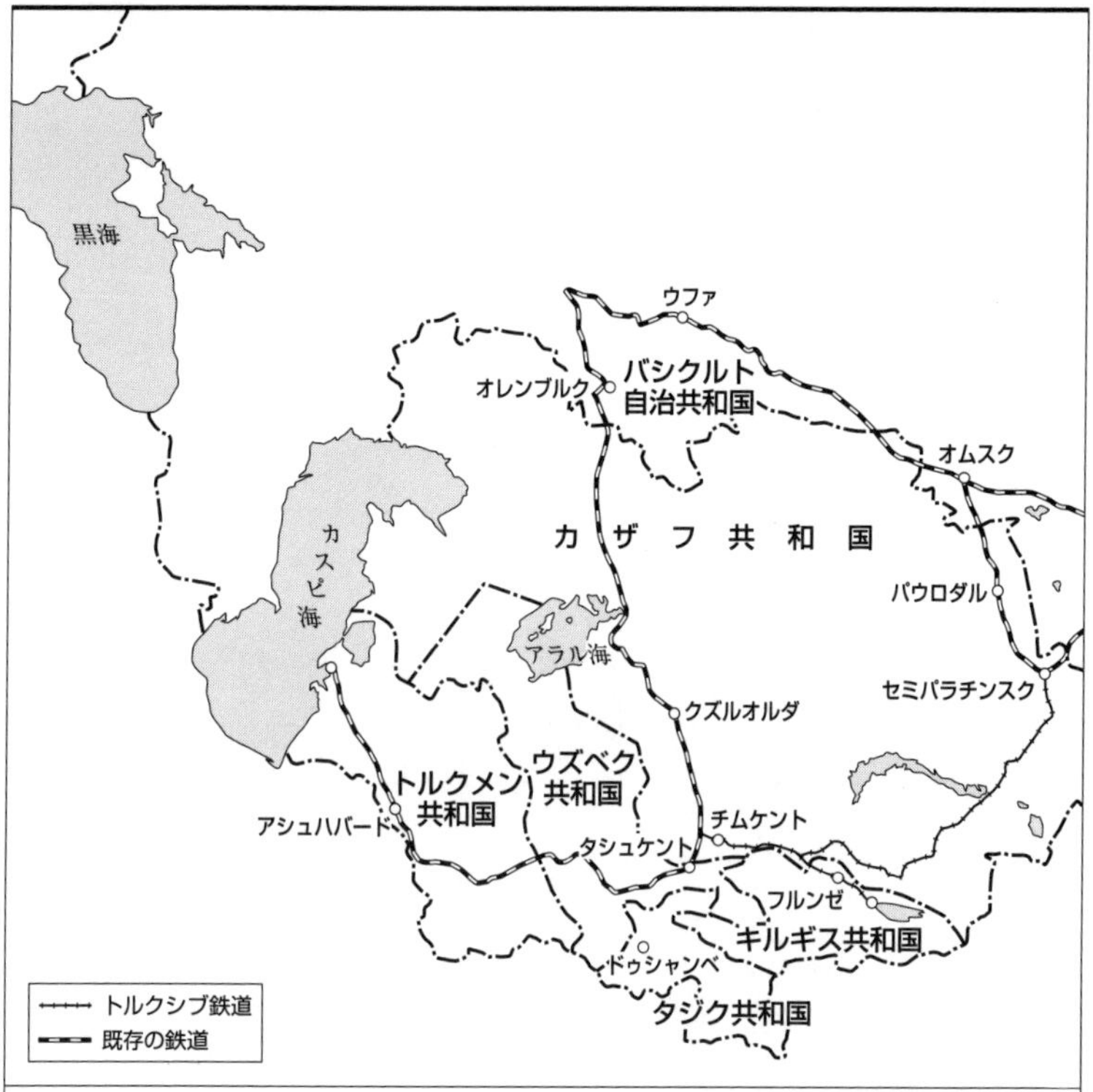
黒海
カスピ海
アラル海
ウファ
オレンブルク
バシクルト自治共和国
オムスク
カザフ共和国
パウロダル
セミパラチンスク
クズルオルダ
トルクメン共和国
ウズベク共和国
アシュハバード
チムケント
タシュケント
フルンゼ
キルギス共和国
ドゥシャンベ
タジク共和国
トルクシブ鉄道
既存の鉄道

●——トルクシブ鉄道の地図

在カザフスタンにおいて少なからざるカザフ人の身に起こっている状況は、いかなる地方にも共和国にも見られない」と。詳細な数値を提示したルスクロフによれば、住民には一九二九年比でわずか六%の家畜しか残っていなかった。ペレストロイカ以降に行われた研究によれば、カザフ人は当時の人口の約四〇%にあたる一七五万人を失う悲劇に見舞われたのである。スターリンはついにルスクロフの提案を基本的に受け入れたが、一九三七年五月に逮捕され、翌年二月十日に射殺された。

ヴァリドフ

一九二三年二月、内戦の続くトルキスタンをあとにしたヴァリドフは、まずイランの聖地マシュハドをめざした。彼の目的は国外でトルキスタン民族運動を展開することであったが、赤軍との戦闘中でも弾雨に身さらしながらたまま見つけた碑文の解読に夢中になったという逸話があるとおり、東洋学者としての研究意欲はむしろ高まっていた。マシュハドの図書館ではイブン・ファドラーンの旅行記の未知の写本を発見する。これはのちにウィーン大学に提出す

民族独立旗　一九二一年サマルカンドで結成された地下組織「トルキスタン民族連合」の制定した民族独立旗(一九二八年に発表)。ヴァリドフの解説によれば、星と三日月は古くからのテュルクの象徴、その地の色(だいだい色)はイスラーム化以前の古代テュルクの君主が用いた色、横じまの紅白は、紅がイスラーム化したオグズ・テュルクおよびティムールの軍旗の色、白はチンギス・カンとその一族が軍旗に使い、それが青色で縁取りされていたことにならったという。また、旗竿の先にはこれも古代の突厥にならって聖獣、狼の頭が付けられている。

る博士論文の基本史料となった。ついでアフガニスタン、インド経由でドイツに渡った彼は、トルキスタン民族連合の活動を続けながら、ヨーロッパの東洋学者と交流しつつ研究にいそしんだ。しかし、ここではさまざまな亡命者組織とソヴィエト情報機関が入り乱れ、確執や裏切、策謀と猜疑《さいぎ》が渦巻いていた。こうしたなかで彼がどのようにふるまったのか、確定することはむずかしい。

一九二四年四月、ヴァリドフはベルリンのソ連代表部に手紙を送っている。それは妻ネフィセの出国と自分の個人蔵書の国外持ち出し、親族との文通の許可を求めるとともに、ソ連国内の東洋学者たち、すなわちレニングラードのアカデミー会員バルトリドやサモイロヴィチをはじめ、モスクワ、カザン、オレンブルク、タシュケントの研究者との文通と著書の交換を許容するように求めるものであった。これは彼の研究活動には欠かすことのできない絆だったからである。彼は次のように書いている。

私と文通したことで疑われた人物が逮捕されたことを新聞で知った。ロシア政府にあっては上記の人物との交流は学術上のことに限って認め、彼らと私との間に政治的な関係があると疑うことはなきようにお願いする。

▼プラト・サリエフ（一八八二〜一九三八）　アストラハンの出身。タシュケントで教育を受け、トルキスタン自治運動に加わったあと、歴史学研究ですぐれた業績をあげ、ウズベク共和国では最初の歴史学教授として研究・教育活動に従事した。ヴァリドフとは一九一三年以来の友人であり、フィトラトとも親交があった。

実際彼は一九二五年三月、旧友の歴史家プラト・サリエフ▲に手紙を書き、トルキスタンの歴史地理に関する四巻本の原稿があるので、これをウズベキスタンで刊行してもらえないかと求めている。しかし、一度は下りたように見えた許可は取り消された。同年末、ヴァリドフはスターリン宛の書簡ですべての約束が反故にされ、父や兄が虐待を受けたことを記したあと、「あなたの恩赦を期待してロシアに残っていたら、私はいかなる運命に遭ったことか」と書いている。ヴァリドフとの文通は、プラト・サリエフの粛清の重要な根拠とされた。一九二五年五月、ヴァリドフはトルコ共和国教育省の招請を受けてトルコに渡り、国籍を取得する。そして翌年六月、バルトリドがイスタンブル大学のテュルク学研究所に招聘されると、ヴァリドフは恩師の応接にあたるとともに講義ノートの翻訳を同僚と分担した。このときの講義録『中央アジアのテュルク諸民族史に関する十二講』は、まずトルコ語訳で刊行され、版を重ねていまも読み継がれている。これは、ロシア東洋学の成果が新しいトルコ民族史の構想に取り入れられたことを意味している。ちなみに、このテュルク学研究所の蔵書の中核をなしていたのは、まだ若いヴァリドフが苦心して一次世界大戦の直

●—ヴァリドフの父母と兄（一九二四年）

●—イスタンブルのバルトリド　椅子に座るバルトリドの右に立っているのがヴァリドフ。後列の二人はいずれもロシアからの亡命者で、左はヴァリドフの僚友アブデュルカーディル・イナン、右はタタール人のアクデス・ニメト・クラト。二人とものちにトルコの大学教授となった。

前にカザンからイスタンブルに送り出したカタノフの個人蔵書である。バルトリドの推挙があったのかもしれないが、ヴァリドフは一九二七年イスタンブル大学文学部にトルコ史教師として迎えられる。

その後も波乱はあった。トルコ史をめぐる論争で公定史観に異を唱えたためにトルコを去らねばならず、一時期（一九三二〜三九年）をオーストリアとドイツの大学で過ごした。この間に彼は新しい姓トガン▲を名乗ることになる。そして、ナチス・ドイツがポーランドに侵攻したまさにその日にドイツを離れ、帰国の途についた。第二次世界大戦中トルコはナチス・ドイツとソ連との間で慎重に中立を保っていたが、一九四四年五月、汎テュルク主義者グループ▲が戒厳令を無視して街頭行進をおこなうと、対ソ関係の悪化を懸念する政府は汎テュルク主義者の一斉逮捕をおこなった。このときトガンも逮捕され、一五カ月を監獄で過ごしている。

亡命後は基本的に学究としての生活を送ったトガンには多数の著作がある。そのなかで本書のテーマとの関係で注目すべきは『現代のトルキスタンとその近代史』▲だろう。ここにいうトルキスタンとは、ロシア領トルキスタンだけで

▼トガン　テュルク語で「ハヤブサ」のこと。すべてのトルコ国民が姓を名乗ることになった創姓法を受けて、ヴァリドフはドイツのボン大学在職中の一九三五年にこの姓を選択した。

▼汎テュルク主義者グループ　一九四一年ナチス・ドイツ軍がソ連に侵攻すると、トルコ国内の汎テュルク主義者は、ソ連領内のテュルク系諸民族の解放を期待してトルコの参戦を要求した。これにはドイツ側の外交工作もからんでおり、一部の亡命者はドイツ軍の捕虜となったテュルク系のソ連軍兵士を対ソ戦用に編成する業務に協力した。

▼『現代のトルキスタンとその近代史』　増補改訂された現代トルコ語版が一九四七年にイスタンブルで刊行されている。

はなく、カザフ草原やバシクルディスタンを合わせた、いわば東テュルク地域のことである。初版のまえがきによれば、執筆は内戦中の一九一八年からとりかかり一九二一年には潜行中のブハラでほぼ完成していたが、原稿が秘密警察の手にわたったために、残った草稿をもとにベルリンで再度まとめあげ、一九二九年にようやく出版可能な形をとった。しかし、ちょうどトルコではアラビア文字からラテン文字に切り替わったところで、自分では対応することができず、またラテン文字ではトルキスタン人が読めないことから、カイロでもとのアラビア文字のままで出版することになった。加えて出版の予算を工面できなかったことから、何度かにわけて出版することになったという。刊行年が一九二九〜四〇年とあるのは、そのためである。

まえがきからは、彼がこの史書の執筆と刊行にかけた二つの意図がみえてくる。彼はいう。「本書は歴史の専門家に新しい史実を説明し、証明するためではなく、トルキスタンの現状とこれを生み出した近代の諸事件をトルキスタンの幅広い教養人の前で吟味するために書いた」と。彼はトルキスタン人の読者を想定しているのだが、ここには悲劇的な矛盾がある。すでに読書人のほとん

▼**西テュルク史**　ここではアゼルバイジャン以西で展開されたセルジューク朝史やオスマン朝史のことを指している。

フィトラトの記念切手　ソ連からの独立後、ウズベキスタンではジャディード知識人の再評価が進んだ。

どはスターリンの粛清の犠牲者となっていたからである。最後に彼はこう書いている。「私の後をつぐ若い歴史家はどこにいるのか。西テュルク史▲を学ぶ学生は幸いにして多いが、この中央アジアのテュルク史を学ぶ学生はどこにいるのか。これからわれわれの祖地の歴史を研究するのは誰なのか。本書を世に問うにあたって述べる最後の言葉はこれである。」と。彼は一方で後進に期待をかけていたことがわかる。いずれにしても、これは中央アジアの革命を生き残った者にしか書けない渾身の著作であり、『回想録』とともに今もなお独自の存在感をはなっている。

以上本書でとりあげた四人の人物は、ソ連時代を通して本国では「反革命」、「人民の敵」、「汎テュルク主義者」などとして否定的に扱われてきた。ルスクロフのようにスターリン批判後の一九五六年に名誉を回復された場合でも、正当な評価がなされるようになったのはペレストロイカの時代である。彼らはいずれも中央アジアの歴史と文化のなかから生まれた逸材であり、ロシア帝国の解体からソヴィエト政権の確立に至る革命の最前線に立った知識人である。ソ

ウズベキスタンの独立後、首都タシュケントに創設された弾圧犠牲者記念博物館

連の時代はいまや過去のものとなったが、現代の中央アジア諸国や民族的なアイデンティティの原型が形成されたのは、この革命期のことである。いまだに不明なところの多いこの時代を検証するにあたって、彼ら四人の遺産はかけがえがない。本書表紙の写真は、サマルカンドの新方式学校の様子を写したものである。撮影年代は一九一〇年前後と思われる。ここに並ぶ生徒たちもまたそれぞれに激動の時代を生きたことだろう。彼らもまた革命の世代の一員である。

近代中央アジアの群像とその時代

略号　B：ベフブーディー，F：フィトラト，R：ルスクロフ，V：ヴァリドフ
＊ロシア帝国関係では，1918年1月までは露暦（ユリウス暦）に従う。西暦からは13日遅れている。

西暦	おもな事項
1899〜1900	〔B〕コーカサス，イラン，イスタンブル，カイロ経由で巡礼
1903〜04	〔B〕ロシア国内旅行
1904	***1-*** 日露戦争の開始
1905	***1-*** イラン立憲革命始まる（〜1911)。***1-*** 血の日曜日事件，ロシア1905年革命の開始。***10-*** ニコライ2世，国会（ドゥーマ）開設の詔書を出す
1906	***8-*** 第3回ロシア・ムスリム大会
1907	***11-***〔B〕ドゥーマにムスリム会派を介してトルキスタンの行政に関する建白書を提出
1907	〔R〕アウリエ・アタ郡のロシア語・現地語学校に入学（〜1910)
1908	***7***　オスマン帝国で青年トルコ人革命，立憲制の回復
1911	〔F〕留学先のイスタンブルで『争論』を刊行
1912	〔V〕カザンで『テュルクとタタールの歴史』を刊行，学界の称賛をえる
1913	***8-***〔B〕サマルカンドで雑誌『アーイナ』を創刊（〜1915年6月）
1913〜14	〔V〕トルキスタン学術調査旅行（2回）
1914	***1-***〔B〕トルキスタンで最初の戯曲『父殺し』を上演
1914	***7-*** ロシア，第一次世界大戦に参戦
1916	***6-*** ニコライ2世，戦時労働への動員を命令，1916年蜂起と弾圧が展開
1917	***2-*** 二月革命，臨時政府の成立。***4-***〔F〕ら青年ブハラ人，ブハラ・アミール国の改革示威行進をおこなって弾圧される。〔B〕・〔V〕トルキスタン・ムスリム大会で自治と連邦制を主張。***5-*** モスクワで全ロシア・ムスリム大会、連邦制のロシアを決議。***9-***〔R〕ロシア社会民主労働者党（ボリシェヴィキ）に入党。***10-*** 十月革命　レーニンの指導するソヴィエト政権が成立。***11-***〔V〕らバシクルディスタンの自治を宣言。***11-***〔B〕ら第4回臨時トルキスタン・ムスリム大会でトルキスタンの自治を宣言
1918	***2-*** ソヴィエト政権，コーカンドのトルキスタン自治政府を武力で打倒，フェルガナ地方にバスマチ運動が拡大。***3-***〔F〕ら青年ブハラ人の武装クーデタ失敗。***7-***〔R〕トルキスタン自治ソヴィエト共和国厚生人民委員に任命
1919	***2-***〔V〕白軍から離れてソヴィエト政権につく（バシクルディスタン軍事革命委員会議長)。***3-*** レーニン，モスクワにコミンテルンを創設。***3-***〔R〕トルキスタン共産党ムスリム・ビューロー議長に就任。***3-***〔B〕ブハラ領内で逮捕，殺害される。〔F〕『東方問題』を執筆，また戯曲『真実の愛』を書き，タシュケントでの上演は成功する
1920	***1-***〔R〕トルキスタン中央執行委員会議長に就任，共産党地方協議会でテュルク・ソヴィエト共和国への改称を決議，トルキスタン委員会と対立。***5-***〔R〕トルキスタン共和国全権代表としてレーニンに上申，レーニンは拒絶。***6-***〔R〕，〔V〕らレーニンの「民族・植民地問題に関するテーゼ」への意見書を提出。***6-***〔V〕ソヴィエト政権と決別してトルキスタンに潜行。***7-***〔R〕トルキスタンにおけるすべての職を辞任。***9-*** コミンテルン，バクーで東方諸民族大会を開催（〔R〕，〔V〕も参加)。***9-*** ブハラ人民革命により青年ブハラ人政権が成立，〔F〕は外務ついで教育人民委員に就任

1921	***3***- 新経済政策（ネップ）の開始
1922	***8***- 元オスマン帝国陸相エンヴェル・パシャ，赤軍との戦闘で戦死，以後バスマチ運動は退潮に向かう。***9***-〔R〕トルキスタン自治共和国人民委員会議議長に就任。***12***- ロシア，ウクライナなどによりソ連邦結成
1923	***2***-〔V〕トルキスタンからイラン，ついでアフガニスタン，インドを経由してドイツへ。***6***- スターリン，スルタンガリエフや〔R〕らを「民族主義的偏向」として告発。***9***-〔R〕ドイツ派遣留学生を訪問するためにベルリンへ。〔F〕ブハラ共和国からモスクワに追放，研究・創作活動に従事（～ 1924）
1924	***1***- レーニン死去，〔R〕モスクワでの葬儀に参列。***10***-〔R〕コミンテルンの全権委員としてモンゴルへ（9 カ月滞在)。***10***- 中央アジアの民族・共和国境界画定が布告，民族別共和国の形成へ
1925	***5***-〔V〕トルコ共和国教育省の招聘でトルコへわたり，国籍を取得
1926	***6***-〔V〕イスタンブル大学に招聘されたバルトリドと再会，講義を補佐
1927	***1***-〔R〕トルクシブ鉄道の建設を指導（～ 1930）
1928	〔F〕の『ウズベク文学精選』刊行
1932	***9***-〔R〕カザフスタンにおける飢餓の救済を求める書簡をスターリンに送付
1933	***3***-〔R〕飢餓に対する支援要請の書簡を再度スターリンに送付
1938	***2***-〔R〕銃殺。10-〔F〕銃殺。11- トルコ共和国大統領アタテュルク死去
1939	***9***- ナチス・ドイツ軍ポーランドに侵攻，第二次世界大戦始まる（～ 1945）
1940	〔V〕の『現代のトルキスタンとその近代史』カイロで刊行
1944	***5***-〔V〕汎テュルク主義活動の嫌疑で逮捕（15 カ月の獄中生活）
1970	***7***-〔V〕イスタンブルで死去

参考文献

アブデュルレシト・イブラヒム(小松香織・小松久男訳)『ジャポンヤ――イブラヒムの明治日本探訪記』岩波書店，2013 年

宇山智彦編『越境する革命と民族』(ロシア革命とソ連の世紀 5)岩波書店，2017 年

小野亮介『亡命者の 20 世紀――書簡が語る中央アジアからトルコへの道』風響社，2015 年

小松久男『革命の中央アジア――あるジャディードの肖像』東京大学出版会，1996 年

小松久男『イブラヒム，日本への旅――ロシア・オスマン帝国・日本』刀水書房，2008 年

小松久男編『テュルクを知るための 61 章』明石書店，2016 年

長縄宣博『イスラームのロシア――帝国・宗教・公共圏 1905-1917』名古屋大学出版会，2017 年

西山克典『ロシア革命と東方辺境地域――「帝国」秩序からの自立を求めて』北海道大学図書刊行会，2002 年

V. V. バルトリド(小松久男監訳)『トルキスタン文化史 1-2』平凡社，2011 年

山内昌之『スルタンガリエフの夢』東京大学出版会，1986 年

Bennigsen, A et Ch. Lemercier-Quelquejay, *La presse et le mouvement national chez les musulmans de Russie avant 1920*, Paris - La Haye: Mouton & Co, 1964.

Khalid, A., “Visions of India in Central Asian Modernism: The Work of ‘Abd ar-Ra’uf Fitrat,” in Beate Echment & Hans Harder eds., *Looking at the Colonizer*, Würzburg: Ergon Verlag, 2004.

Khalid, A., *Making Uzbekistan: Nation, Empire, and Revolution in the Early USSR*, Ithaca and London: Cornell University Press, 2015.

Togan, A. Zeki Valîdî, *Bügünkü Türkistan ve Yakın Mazisi*, Kahire, 1929-1940.

Togan, Zeki Velidi, *Hâtıralar: Türkistan ve diğer Müslüman Türklerinin millî varlık ve kültül mücadeleleri*, İstanbul, 1969.

Togan, A. Zeki Velidî, *Bügünkü Türkili* (*Türkistan*) *ve Yakın Tarihi*, İstanbul: Enderun Kitabevi, 1981 (2. Baskı)

Togan, A. Zeki Velidî, *Başkurtların Tarihi*, Ankara: Türksoy, 2003.

Алимова, Д. / Д. Рашидова, Махмудхожа Бехбудий и его исторические воззрения, Ташкент: Маънавият, 1998.

Бехбудий, Махмудхожа, Танланган асарлар, Тошкент: Маънавият, 1999.

Исхаков, С.М., Ахмед-Закки Валидов: новейшая литература и факты его политической биогрфии // Вопросы истории, 2003, No.10.

Исхаков, С. М., Российские мусульмане и революция (весна 1917 г.—лето 1918 г.), 2-е изд., Москва, : СП Мысль, 2004.

Каримов, Наим, Махмудхўжа Бехбудий, Тошкент: Ўзбекистон, 2011.

Ланда, Р.Г., Ахмад-Заки Валидов (Заки Валиди Тоган) как востоковед и общественный деятель // Восток, 2001, No.1.

Россия и Центральная Азия. 1905-1925 гг. Сборник документов, Авт.-сост. Д. А. Аманжолова, Караганды: Изд-во КарГУ, 2005.

Рыскулов, Т.Р., Собрание сочинений в трех томах, Алматы: Казахстан.

Фитрат, Чин сeвиш: Шеърлар, драмалар, маколалар, Тошкент : Ғафур Ғулом, 1996.

Фитрат, Абдурауф, Танланган асарлар, Жилд 1-2, Тошкент: Маънавият, 2000.

図版出典一覧

ウズベク語

Каримов, Наим, Чўлпон: Маърифий роман, Тошкент, 2003. *7*

Ўзбекистоннинг янги тарихи, 2, Тошкент, 2000. *61, 64*

ロシア語

История и историки Узбекистана в XX веке, Ташкент, 2014. *98*

История Казахстана, Том 3, Алматы, 2010. *79*

Исхаков, С. М., Российские мусульмане и революция, Москва, 2004. *55, 61*

Котюкова, Т.В., Окраина на особом положении...: Туркестан в преддверии драмы, Москва, 2016. *62*

ЛЕНИН. Собрание Фотографий и Кинокадров в двух томах, Том 1, ФОТОГРАФИИ 1874–1923, Москва, 1980. *77*

Масальский, В. И., Туркестанский край, С.-Петербург, 1913. *18*

Султанов, Ю., Хамза: Очерк жизни и творчества, Ташкент, 1973. *50*

Устинов, В. М., Служение народу, Алма-Ата, 1984. *44, 73, 93*

Файзулла Ходжаев, Избранные труды, Том 1, Ташкент, 1970. *52*

トルコ語

Baysun, A. R., *Türkistan Millî Hareketleri*, İstanbul, 1945. *83*右*, 86, 87*

Barthold, V. V., *Mogol istilâsına kadar Türkistan*, İstanbul, 1981. *99*下

Mufassal Osmanlı Tarihi, İstanbul, 1958–63. *29*

Togan, Zeki Velidi, *Hâtıralar*, İstanbul, 1969. *32, 99*上

Türkistan Türklerinin Büyük Milliyetçi ve Yurtsevenlerden Mustafa Çokay Albümü, İstanbul, 1942. *37*

Togan, A. Zeki Velidî, *Bügünkü Türkili* (*Türkistan*) *ve Yakın Tarihi*, İstanbul, 1981. *97*

アゼルバイジャン語

Molla Nəsrəddin, Cild 2, Bakı, 2002. *11*

Molla Nəsrəddin, Cild 4, Bakı, 2008. *23*

英語

Allworth, E., "Murder as Metaphor in the First Central Asian Drama," *Ural-Altaische Jahrbücher / Ural-Altaic Yearbook*, 58, 1986. *19*

フランス語

Gorshenina, S. & S. Abashin eds., *Le Turkestan russe: une colonie comme les autres?*(*Cahiers d'Asie centrale,* No.17/18), Tachkent-Paris, 2009. *2*

Moser, H., *A Travers l'Asie centrale*, Paris, 1885. *3*

著者提供　カバー表 , カバー裏 , 扉 , *24, 25, 41, 53, 63, 70, 83*左*, 90, 102, 103*

ユニフォトプレス提供 *60, 76*

小松久男(こまつ　ひさお)
1951年生まれ。東京大学大学院人文科学研究科博士課程中退
専攻，中央アジア近現代史
現在，東京外国語大学特別教授，東京大学名誉教授

主要著書

『革命の中央アジア――あるジャディードの肖像』(東京大学出版会 1996)
『新版世界各国史4　中央ユーラシア史』(編著，山川出版社 2000)
『イブラヒム、日本への旅――ロシア・オスマン帝国・日本』(刀水書房 2008)
『激動の中のイスラーム――中央アジア近現代史』(山川出版社 2014)
『中央ユーラシア史研究入門』(共編著，山川出版社 2018)

世界史リブレット人80
近代中央《きんだいちゅうおう》アジアの群像《ぐんぞう》
革命《かくめい》の世代《せだい》の軌跡《きせき》

2018年9月20日　1版1刷印刷
2018年9月30日　1版1刷発行

著者：小松久男《こまつひさお》

発行者：野澤伸平

装幀者：菊地信義

発行所：株式会社 山川出版社

〒101-0047　東京都千代田区内神田1-13-13
電話　03-3293-8131(営業) 8134(編集)
https://www.yamakawa.co.jp/
振替 00120-9-43993

印刷所：株式会社 プロスト

製本所：株式会社 ブロケード

 ISBN978-4-634-35080-9